［改訂版］

宿泊産業論

―ホテルと旅館の事業展開―

徳江順一郎［編著］

石川　達也・植松　大介・内田　　彩・木本　和男
崎本　武志・杉浦　康広・高橋　祐次・田上　　衛［著］
竹内　敏彦・永山　久徳・成実　信吾・山中左衛子

創　成　社

はじめに

　本書は，2013年に出版し，2016年に改訂された『ホテルと旅館の事業展開』を，一部を除いて全面的に書き直したものである。同名の本で再改訂版を出版することも検討したが，以下の理由によって，内容を大きく改変することになり，それにともない，書名も変更した。

　明治維新後，それほど時を経ずしてわが国に登場したホテルは，少しずつ増加していき，第二次世界大戦後に急成長を遂げた。1960年代前半に多くのホテルが開業し，これはのちに「第一次ホテル（開業）ブーム」と呼ばれることになるが，そこからバブル崩壊までの約30年間は順調に発展することになる。ところが，1990年頃を境に業界を取り巻く環境は大きく変化した。まず，一般に「外資系」と呼ばれるホテルが急増した。その大多数は「運営受委託：マネジメント・コントラクト（MC）」という運営手法を採用しており，海外ホテルのブランド名がついているものの，実際に経営しているのは国内企業であった。このため，ホテル業界の全容を理解するためには，こうした複雑な仕組みを知る必要が生じることになった。

　一方で，わが国固有の宿泊業態である旅館は，やはり1990年代頃に一大転機を迎えた。この頃に旅行形態は大きく変化したが，それについていくことができなかった多くの旅館の経営状態は悪化していった。2000年代に入ると一気に耐えられなくなり，破綻する施設が激増したが，その受け皿となったのが事業再生を得意とする新興勢力であり，現在では業界における存在感も大きくなっている。あるいは，アジアを中心としたスモール・ラグジュアリーの隆盛に学び，その良さを旅館に取り入れて成功している施設もある。

　ホテルでも旅館でも，そこで生じた変化はいずれも，目の前の状況だけを見ているとその変化の大きさや速さには驚くばかりであるが，世界に眼を向ければ，ある程度は予測できたものが多い。こうしたことを踏まえると，業界の関係者や業界を目指す人たちは，国内のみならず世界的な宿泊産業の動向も，常に意識しておく必要があるだろう。

　しかし，多様化した宿泊施設を全体的に網羅して論じるのは，編者1人の力では限界があった。前著では，改訂版を含めて1人で執筆したが，細分化が進み，それぞれがさらに変化を遂げつつある現状では，複数の専門家の先生にご協力いただいて執筆することにより，内容面の充実を目指すべきと判断した。

　わが国に視点を戻すと，宿泊産業を取り巻く環境は，初版を刊行してから，わずか10年足らずの間に激変した。東京オリンピック・パラリンピックの開催が決まり，インバウンドは年を追うごとに激増し続け，それに対応するようにホテルや旅館の新規開業が相次ぐ一方で民泊も増加した。民泊は急激に増加したため色々な問題も引き起こし，これを規制するための住宅宿泊事業法が施行されたが，前後して旅館業法が改正されて，ホテルと旅館の相違がなくなった。そしていよいよ東京オリンピック・パラリンピックの年になったと思ったとたん，新型コロナウィルスの蔓延によりオリンピック・パラリンピックは延期となってしまった。人々の移動も制限されることになり，宿泊産業をはじめとする観光産業は，壊滅的な状況となっている。

　特に，2020年の状況は，われわれの想定を超えたものであった。ここまでのクライシスが訪れるとは，それを専門として研究している自身でも，夢にも思っていなかったのが正直なところである。

　しかし，状況が落ち着けば，どうしても動きたくなるのが人間の性である。このことを踏まえると，わが国における数少ない成長分野である観光は，今後の日本でも重要な位置を占めていくことが推測される。そういった状況に対応するために，日本だけでなく世界の宿泊産業を理解する第一歩として本書がお役に立てるのであれば幸いである。

著者を代表して　徳江順一郎

改訂版の刊行にあたって

　2020年秋に本書を刊行してから，わずか3年足らずの間に，数多くの，かつきわめて大きな変化が業界に生じ，早速，改訂が必要となってしまった。

　そもそも本書を執筆していた頃には，新型コロナウィルスがこれほどまでの猛威をふるい，こんなにも長きにわたってホスピタリティ産業に打撃を与え続けるなどとは思ってもいなかった。2022年の暮れも近くなって以降，やっと多少の往来ができるようになり，2023年春になんとか自由に海外とも交流ができるようになった。ただし，今後も予断を許さない状況が続いているし，「マスク自由化」が宣言された5月以降も，マスクをしている人が多くいる状況である。

　とはいえ，わが国が観光立国を目指していることは変わっておらず，政府も2030年に6,000万人のインバウンド実現を目指したままである。その点からすれば，これからも宿泊産業の発展が期待されることは間違いない。こうしたことを踏まえれば，学術の世界でも，宿泊産業の変化についていきながら研究を遂行することが求められよう。

　改訂にあたり，以下の点を改変した。

　まず，各チェーン，施設，協会などで，名称や体制が変更となったものについて，変更を加えた。また，時間の経過にしたがい変化したものも反映してある。

　また，もっとも大きな変更点としては，改訂前には独立した章で記述していたスモール・ラグジュアリーが，メガ・チェーンに組み込まれたりオーナーが変わったりしたため，それぞれ該当する他の各章に移行した。

　そして，一部のチェーンに関して，その存在感に鑑みて項を新しく立ててもいる。日本への進出が発表された，あるいはそれが期待されるチェーンが該当する。

　今回，かなり大きく改変したわけであるが，わが国国内だけでも，今後もさまざまな施設の開業が予定されており，次回もそう遠くない将来に改訂することになるだろう。

2023年6月

目　次

第1部

宿泊産業の概略

第1章　宿泊施設の分類

1．宿泊施設の相違

（1）さまざまな宿泊施設

　宿泊産業の講義時に，学生から素朴な疑問が投げかけられた。

> 　『旬刊旅行新聞』が実施している，「プロが選ぶ日本のホテル・旅館100選」（図表1－1）において，なぜ「帝国ホテル」や「ホテルオークラ」が上位に入らないのですか？

　この質問にははっとさせられた。高級ホテルの代名詞であり，高品質なサービスで有名な御三家のホテルが，当該ランキングになぜエントリーされていないのか。「ホテル・旅館」と銘打っている以上，学生の質問は自然なものであろう。
　われわれはもともと，この調査がいわゆる「旅館」に対してのものであると承知しているため自然に受け入れていたが，一般の認識は必ずしもそうではないということを再確認させられた。

図表1－1　プロが選ぶ日本のホテル・旅館100選総合ベスト10
（2020年度，2023年度）

	2020年度上位施設名（所在地）	2023年度上位施設名
1位	加賀屋（石川県／和倉温泉）	加賀屋
2位	稲取銀水荘（静岡県／稲取温泉）	八幡屋
3位	八幡屋（福島県／母畑温泉）	水明館
4位	白玉の湯泉慶・華鳳（新潟県／月岡温泉）	稲取銀水荘
5位	指宿白水館（鹿児島県／指宿温泉）	白玉の湯泉慶・華鳳
6位	草津白根観光ホテル櫻井（群馬県／草津温泉）	指宿白水館
7位	日本の宿 古窯（山形県／かみのやま温泉）	ゆのくに天祥（石川県／山代温泉）
8位	水明館（岐阜県／下呂温泉）	草津白根観光ホテル櫻井
9位	ホテル鐘山苑（山梨県／富士山温泉）	結びの宿 愛隣館（岩手県／新鉛温泉）
10位	いぶすき秀水園（鹿児島県／指宿温泉）	いぶすき秀水園

出典：旬刊旅行新聞。

　それでは，ホテルと旅館との相違点は何であろうか。

　厳密な相違は後で検討するが，一般にホテルといえば，客室にベッドが置かれている洋室を基本とするものを想像することが多いのではないだろうか。少なくとも，和風の内外装で，畳敷きの部屋ばかりであり，大浴場を備えた施設を「ホテル」と認識することはないだろう。こちらはむしろ「旅館」と認識され，それは低層の木造であろうと鉄筋・鉄骨コンクリートのビルであろうと変わらない。

　ただ，図表1－1に挙げられた中にも「ホテル」と銘打つ施設が存在することからも，ホテルという名称ながら，その実は旅館である施設も多い。このような施設は「温泉ホテル」や「観光ホテル」と呼ばれることもある。

　また，「カプセルホテル」のように，一般的なホテルの概念とは大きく異なる施設も存在する。さらに，「ラブホテル」と呼ばれる短時間利用が主軸の施設や，人間を対象とせず，ペットを顧客とする「ペットホテル」と称するものもある。最近では，ゲストハウスと呼ばれる簡易的な宿泊施設や，住宅の一部に宿泊させる民泊も話題となっている。

　そして逆に，ホテルという名はついていないが，「インターネットカフェ」や「マンガ喫茶」と呼ばれる施設でも，事実上宿泊している人は多い。

　このように，宿泊施設は大いに多様化している。これらをいかに整理・分類するかが，宿泊施設について理解する大前提ということになる。本書ではこうした施設の整理・分類を試みるが，きっちりと種類別に分けることは困難で，中間領域に多くが存在していることは念頭に置いて欲しい。

（2）法にみる宿泊施設

　以上のような実態がある一方，わが国の宿泊施設は明確に定義づけされてもいる。それも，法律，すなわち旅館業法によって規定されている。詳しくは第4章で論じるが，同法では宿泊施設を，

　　■旅館・ホテル営業，■簡易宿所営業，■下宿営業

の3つに分類している。「旅館」業法ではあるが，実態としては「宿泊」業法ということになる。

　このうち，下宿営業は主として1ヶ月単位での宿泊サービスが提供される施設であり，簡易宿所営業は1室を複数人で共用する施設である。旅館・ホテル

営業はそれ以外ということになる。

　宿泊施設は旅館業法に基づいて営業しなくてはならないが，現在では別に，住宅宿泊事業法でいわゆる民泊も規定されている。この民泊も含めた４種類が，わが国の宿泊施設ということになる。そのため，インターネットカフェやマンガ喫茶，さらにはカラオケ店などで夜を明かすことは，基本的にはイレギュラーな，「宿泊類似の用法」ということになる。

　一応は法令で分類されているが，それはあくまで「ある程度」区別しているに過ぎない。つまり，シティホテルとビジネスホテルのような，市場の相違に基づいた積極的な類別を意識しているわけではないのである。そのため，実際には，これまでもさまざまな分け方が試みられてきた。

　そこで，次項ではその点について踏み込んで検討する。

２．宿泊施設に対する分類法

（１）分類の前提

　宿泊施設を分類するうえで，忘れてはならないことがある。「宿泊」施設と称しつつも，実際には「宿泊」以外の売上がかなりの割合を占めることが多いという実態である。詳しくは第２章で論じるが，分類にもかかわるので，ここで簡単に説明しておく。

　宿泊施設には，

　・宿泊（休息）

という宿泊施設固有の事業のほかにも，

　・料飲（飲食）
　・宴会（集い）

のあわせて３部門が存在し，いわば「総合的なホスピタリティ産業」となっているケースがある。なお，最近では「癒し」の要素も重視される。そして，宿泊するための客室以外に，多様な料飲サービス施設や各種の宴会場を持つ場合に「フル・サービス型」，宿泊以外は提供しないか，最小限の要素のみ備える場合に「リミテッド・サービス型」と呼ぶ。

　このことは，宿泊施設のマーケティングにおいてポイントとなる点であり，宿泊施設の分類に際して，大きな影響を及ぼしている。

　とある地域に立地するホテルに宿泊するのは，その地域に住む人たち以外が大多数を占める。これは当然のことで，自分の家の近くのホテルに泊まるのは，なにかの記念日にあるかどうかといった程度だろう。ところが，宴会で来訪するお客様はその地域に居住する人たちであることも多く，料飲については，さらに高い割合がその地域に居住している人たち，あるいはその地域で仕事をしている人たちということになる。

　かつては，宿泊客が館内の料飲施設で食事を摂れることが競争力の源泉となっていた。しかし最近は，特に低価格の施設を中心として，コンビニなど外部で食材を調達するお客様も多くなり，この点はあまり重要ではなくなった。こうしたことから，リミテッド・サービス型でも特に，料飲や宴会を削減した「宿泊主体型」あるいは「宿泊特化型」と呼ばれるカテゴリーが増加した。

　また，宿泊以外の要素も提供している場合，特に料飲では宿泊客以外にも幅広く来訪をうながすために，さまざまな取り組みをしている。これが，館内に多様な施設を揃えたホテルの存在にもつながっている。

　旅館においては1泊2食付が主流のため，宿泊分（宿泊部門）を上回る売上が料飲に計上される施設も多い。そして，一部の高級旅館では婚礼に力を入れているところもあるため，宴会の売上比率も無視できない。

　価格帯によっても宿泊施設は分けられる。ただし，これをいくつに分けるかは議論の余地がある。

　基本的には，この価格帯と付帯サービスの有無あるいは多寡の2軸によってわが国の宿泊施設は分類されてきた。

（2）わが国における従前の分類

①　一般的な分類

　旅行の際など，「5つ星」といった表現を聞いたことがある読者も多いだろう。この言葉に象徴されるように，海外では価格帯を軸に，宿泊施設に対して星数などを用いた数段階の分類を行うことが多い。しかし，わが国における宿泊施設の分類は，価格帯に関しては非常にシンプルであった。具体的には図表1-2のような分類で済んでいた。

図表 1－2　かつてのホテルと旅館の分類

	都市部の立地	観光地の立地	
高価格	シティホテル	リゾートホテル	旅館
低価格	ビジネスホテル		
	洋風		和風

出典：著者作成。

　旅館は大多数が観光地に立地している。都市立地でも，その都市自体が京都や金沢のように観光地であることが多い。もちろん，かつては都市にも多くの旅館があり，いわば現在の低価格帯ホテルの役割を担っていたこともある。ただ，現状ではそういった存在は，きわめて特殊なケースとなっている。

　ホテルは，観光地に立地していればリゾートホテルとなる。都市部の立地では，相対的に低価格なものがビジネスホテルと呼ばれ，相対的に高価格なものがシティホテルと呼ばれてきた。シティホテルとビジネスホテルとを分ける価格はあくまで相対的なものであり，明確な線引きができるわけではない。都市の規模やブランド力によっても異なるからである。

　また，シティホテルはフル・サービス型，ビジネスホテルはそれらを最低限としたリミテッド・サービス型であることがほとんどであった。これは世界的にも類似の傾向を示していた。

　なお，後述する「一般社団法人全日本ホテル連盟」はかつて，「一般社団法人全日本シティホテル連盟」という名称であったが，これはいわゆる「ビジネスホテル」が主体で，ここで論じている「シティホテル」は対象となっていない。シティホテルは，「一般社団法人日本ホテル協会」に加盟していることが多い。ただし，最近の特に外資系と呼ばれるホテルは，この協会に入らないケースも増えている。

　この業界団体の名称の混乱も，宿泊施設の理解を妨げるややこしさにつながってきた。そこで，業界団体についても少し考察を加えておく。

②　関係する業界団体

　日本ホテル協会は，1909（明治 42）年に当時の日本を代表する 28 のホテルによって，「日本ホテル組合」として設立された。初代会長は帝国ホテルを経営していた大倉喜八郎である。入会基準は，以下の通りとなっている（同協会ホームページより。2022 年 12 月 23 日アクセス）。

1．施設基準

1. 客室総数が 50 室以上あること。ただし，リゾートホテルにおいては 30 室以上とする。

2. 15 ㎡以上のシングルルームと 22 ㎡以上のツインルーム（ダブルルーム等 2 人室以上の客室を含む。）の合計が客室総数の 50%以上あること。

3. フロント近くに，いす，テーブルの備え付けがあり，客が無料で利用することができるロビー，その他の場所が次表により設けられていること。

客室収容人員（X）	ロビー面積
100 人以下	40 ㎡以上
101 人〜 500 人	X × 0.4 ㎡以上
501 人〜 1,000 人	X × 0.3 ＋ 50 ㎡以上
1,001 人以上	350 ㎡以上

4. 朝・昼・夕食時において洋食の提供ができる食堂が一ヶ所以上設けられていること。

2．その他の基準

　フロント要員は，フロント業務に支障をきたさない人数の確保がされていること。

　午前 7 時から午後 10 時までの間，食堂又はルームサービスにより食事の提供ができること。ただし，立地条件等によりその必要性が認められない場合には省くことができる。

　会員ホテルと同一又は類似のホテルの名称，マーク，ロゴを使用するものでないこと。ただし，当該ホテルの同意がある場合にはこの限りではない。

3．その他

　この入会基準は，平成 15 年 3 月 12 日から適用する。

　この入会基準に適合していない既存会員ホテルは，増改築等の際にこの入会基準に適合するよう努力するものとする。

（一部著者改変）

　全日本ホテル連盟は1971（昭和46）年に設立された。2022年12月現在で1,153ホテルが加盟している。会員になるには次の入会基準を満たす必要がある（同連盟HPより。2022年12月23日アクセス）。

正会員

第1条　旅館業法に基づく営業許可を受け，健全・快適・安全安心で効率的なサービスをそれに相応する料金で提供するホテルであること

第2条　客室は，快適な洋室客室が30室以上であること

第3条　ホテル内に次に掲げる施設があり，この表示については日本文の他，英文等が併記されていること

　　1　玄関，ロビー，フロントオフィス等に掲げるホテル内施設等の配置案内図

　　2　避難設備，非常口，非常の際の避難経路等の配置案内図

　　3　客室の室名又は室番号，食堂等の表示

　　4　会計又は両替をする場所の標示

第4条　別に定めるところにより，旅館賠償責任保険が付保されていること

第5条　ホテルを経営する者の条件（法人である場合は，その代表者及び役員）

　　1　社会的信望が篤く，本連盟の目的に賛同をして，ホテルの施設，接遇の改善，経営の合理化等を図り内外旅行者の利便の増進，わが国観光事業の健全な発展と国際親善に寄与する熱意を有する者であること

　　2　本連盟の定款その他の諸規定を遵守し，理事会の決議を尊重する者であること。

（一部著者改変）

　かつては，

　　1．ホテルの施設及び設備の条件
　　2．ホテルを経営するものの条件

と分けたうえで，それぞれ旅館業法に準じた詳細な項目を規定していたが，2019年6月の定款改定により変更となった。

　また，旅館には，「一般社団法人日本旅館協会」と「全国旅館ホテル生活衛

生同業組合連合会」という業界団体が存在する。前者は，2012（平成24）年に「国際観光旅館連盟」（1948（昭和23）年設立）と「日本観光旅館連盟」（1950（昭和25）年設立の「国鉄推薦旅館連盟」が1957（昭和32）年に改組）が合併して誕生した。後者は，1957（昭和32）年に施行された「環境衛生関係営業の運営の適正化に関する法律」に基づき設立された都道府県ごとの組合の中央連合体として1958（昭和33）年に設立された。前身は，1922（大正11）年に結成された「全国旅館組合連合会」である。

　ただ，双方に加盟する施設も多く，特に分類できるような特性はない。

（3）世界的な分類

　わが国では，あくまで都市部のホテルのみ価格帯で2段階に分けてきたが，海外では，より細分化された分類が採用され，一般的には5段階に分類されることが多い（図表1－3）。

図表1－3　世界的な分類

機能による分類	◀ リミテッド・サービス型			フル・サービス型 ▶	
価格帯による分類	バジェット Budget	エコノミー Economy	ミッドプライス Midprice	アップスケール Upscale	ラグジュアリー Luxury
平均価格帯 US$	35-49	49-69	69-125	125-225	150-450
星　数	1星	2星	3星	4星	5星

出典：Walker（2007）をもとに一部改変。

　この5段階分類は，世界的にはかなり普遍性が高い。最近ではアラブ首長国連邦などに「7つ星」を標榜する施設も誕生しているが，あくまで例外的なものととらえられよう。

　しかし，この分類には若干の問題点が内包されている。まず，例えばわが国では，東京とそれ以外の都市とでは，同じグレードのホテルでも価格が大きく異なるうえ，あくまで価格は相対的であり，その時々の景気など外部要因によっても左右される。また，ここでいう平均価格帯がラックレート（定価）を示しているのか，実際の販売価格を示しているのか不明なため，普遍性や客観性に乏しい面もある。そのため，これはあくまで「目安」として用いるのが無難

であろう。

　ただし，次章で述べるような RevPAR や ADR を用いることによって，この平均価格帯も客観性を帯びる。近年ではこの両指標が宿泊施設においても重視されるようになったため，前提条件を満たせばある程度の妥当性が担保されるようになってきたといえるだろう。

　そして，従前の議論では，バジェット（低価格）に近いほどリミテッド・サービスであり，ラグジュアリー（高価格）に近づくほど大規模でフル・サービスになる傾向があった。ところが，近年の最高価格帯に位置する施設はおしなべて小規模であり，料飲施設も少なく，宴会場はないホテルもある。いわば「セミ・リミテッド・サービス」であるともいえよう。そのため，このサービスの幅による分類も，少し変化が生じてきている（図表 1 − 4）。

図表 1 − 4　価格帯による分類とサービスの幅

価格帯 による分類	バジェット Budget	エコノミー Economy	ミッドプライス Midprice	アップスケール Upscale	ラグジュアリー Luxury
機能による 分類					

（図表 1 − 9 まで，いずれも著者作成）

　ラグジュアリーが小規模になったのは，標的市場をより細分化して，お客様に対して細やかな対応を実現するためである。一時は世界的にも大規模な施設が最高級の象徴であったが，近年ではむしろ，最高級のグレードは小規模なものが多くなっている。

　なお，リミテッド・サービスに対してフォーカスト・サービスといわれることもある。また，わが国ではこの類の施設に対して，宿泊主体型，宿泊特化型といった名称を与えている。宿泊特化型は常設の料飲スペースを一切持たないもので，施設によっては朝食が用意される場合もあるが，その際もロビーなどで提供されることが多い。宿泊主体型は常設の料飲スペースを少数だけ持っている場合に用いられる。

（4）現状における宿泊施設分類

　5段階分類にはそれなりの妥当性はあるが，価格以外の要素は排除されているし，旅館も分類しにくく，そのまま適用はできない。そのため，わが国の実情にあった分類を検討する必要がある。

　また，ここまで検討してきた分類以外にも，一般的な呼称にはさまざまなものがあった。例えば，大規模でかつ豪華絢爛なホテルは「グランドホテル」，さらに大規模で近代的な施設は「プラザホテル」などと呼ばれてきた。そして，1990年代以降のわが国では，宿泊主体型や宿泊特化型が急増している。他にも，すべての部屋がベッドルームとリビングルームに分かれた「オールスイート」や，長期滞在向けの「レジデンシャル」といった存在もある。最近は「ブティック・ホテル」や「デザイン・ホテル」，「ライフスタイル・ホテル」などと呼ばれる，これまでなかったカテゴリーも出現している。

　このように，宿泊事業には多様な種類が存在するため，なかなか統一的な分類をしにくいのが現状である。ただし，ホテルも旅館も，価格帯としては5～6段階程度，サービスの幅も3段階程度，そして場合によってはその他の新しい分類基準も加味して分類することで，状況が把握しやすくなるのは間違いない。事実，多くのホテルチェーンでも，それに対応したブランディングをしている。

3．宿泊事業の形態

（1）事業形態の概要

　もう1点，宿泊事業には特徴的な事業の枠組みがある。ホテルの多くは，いわゆる「チェーン」と呼ばれ，複数の国や地域で施設を展開している。旅館はかつて，1軒のみかせいぜい2～3軒程度で経営されていたが，2000年代以降は急速にチェーン化が進んでいる。これには以下のような背景がある。

　宿泊事業には，キャパシティが一定で，さらに売れ残りを在庫して翌日以降に売ることもできないという特性がある。そのため，売上を増やすには増築するか他の地域に支店を出すことが必要となる。

　一方でお客様は，同じ場所ばかり何度も訪れるとは限らず，むしろさまざまな場所に行くことが多い。そうなると，他地域に支店を出すことで利益を享受

できる可能性が高まる。そのため宿泊産業に限らずホスピタリティ産業は，しばしば他地域に支店を出していくチェーン化を志向する。

さらに，遊休地の活用を検討する企業が，宿泊施設をその候補とするなど，他業種からの参入が志向されることもある。しかし，宿泊施設の経営は簡単ではなく，一朝一夕にノウハウを得られるとは限らない。その場合，既存のチェーンに加盟することで最初からノウハウを得ることが可能となり，既存チェーン側はチェーンの拡大による利益も生じることになる。

こうした事情から，宿泊産業に特徴的な事業の枠組みが生まれることになった。そのため，宿泊産業の事業展開を理解するには，一般の企業とは少々異なるアプローチが必要となる。そこで，まずはこうした宿泊事業に特有の，事業展開におけるポイントについて考察する。

（2）所有・経営・運営の相違

一般の企業においても，「所有と経営の分離」は進んでいるが，宿泊事業においては「所有と経営と運営の分離」が進んでいる。この両者の意味は若干の相違があるので，ここで確認しておきたい。

「所有」とは，その宿泊施設の土地や建物，すなわち不動産の所有者である。簡単にいえば，「大家」ということである。一般の企業では，企業の株式の所有者を「所有」といい，取締役たちのように実際に経営する主体を「経営」というが，宿泊産業における所有は，あくまで不動産を所有している主体ということになる。

なお，土地と建物とは異なる主体が所有していることがある。また，建物の所有についても，躯体の所有者と内装の所有者については異なっていることもある。その相違によって，修繕の責任の所在や内装のリノベーションをどの主体が実施するかが変わってくることになる。

「経営」とは実際にその宿泊施設で働く従業員を雇用し，サービス提供をする主体であり，施設にかかわる経営上のリスクもここが負うことになる。当該施設に勤める，あるいはアルバイトをするという場合は，ここから給料をもらうことになる。また，われわれがお客として利用した場合，支払いはこの経営主体に対してなされ，領収書も経営主体から発行される。

「運営」が宿泊事業にのみ存在する特徴的な主体ということになる。ここは，

予約システムを通じたマーケティングやブランド名の付与，運営責任者・部門責任者の派遣をしている。いわば，チェーン本部のような存在である。運営という表現だけだと「日々のサービス提供」といった方向で勘違いをしやすいので，「運営アドバイス」や「運営受委託」といった表現を用いた方がより的確である。コンビニエンスストアや居酒屋などで多用されるフランチャイズに似た枠組みであるが，宿泊事業の場合には総支配人などの運営責任者の派遣，すなわち恒常的な人的サポートをともなうことが特徴である。

　宿泊産業の黎明期においては，所有と経営と運営とは分離していないケースがほとんどであったが，前に述べたようにチェーン化の進展や多様な事業者がホテルに参入し，専門分化していった（図表1－5）。

図表1－5　所有と経営と運営の分離

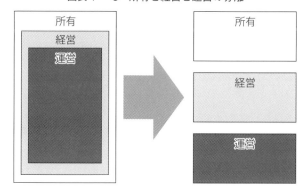

　ところが近年，この状況に拍車がかかっている。例えば，ホテルＡの所有は所有会社（ア），経営は経営会社（キ），運営の受託は運営会社（ク），ホテルＢの所有は所有会社（カ），経営は経営会社（イ），運営は運営会社（ク）…となっている。つまり，同じブランド名のいくつかのホテルに，複数の所有，経営がかかわっている状況が生じているのである（図表1－6）。

　この全体像を把握していなければ，宿泊産業を理解したことにはならないので注意が必要である。

　比較的古くから経営している「御三家」のホテルは，この3者が一体化，またはそれに近い構造となっている（図表1－7）。

　これに対して，いわゆる「外資系」と呼ばれるホテルでは，同じチェーンが

図表 1 − 6　近年の状況

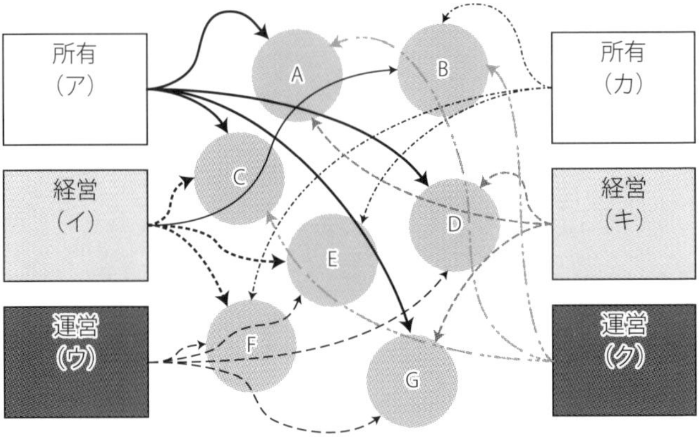

図表 1 − 7　「御三家」の構造

ホテル名	帝国ホテル東京	ホテルニュー オータニ東京	ジ・オークラ・ トーキョー	京都ホテル オークラ	ホテル日航大阪
所有	帝国ホテル	ニュー・オータニ	ホテルオークラ	京都ホテル	第一生命他
経営	帝国ホテル	ニュー・オータニ	ホテルオークラ東京	京都ホテル	ホテル日航大阪
運営	帝国ホテル	ニュー・オータニ	ホテルオークラ東京	オークラニッコー ホテルマネジメント	

図表 1 − 8　ハイアットを取り巻く構造

ホテル名	ハイアット リージェンシー東京	パークハイアット 東京	グランドハイアット 東京	アンダーズ 東京	ハイアット・セントリック 銀座東京
所有	小田急不動産	東京ガス 都市開発	森ビル		朝日新聞社
経営	ホテル小田急	パークタワー ホテル	森ビルホスピタリティ コーポレーション		オリックス
運営	ハイアット				

運営となっていても，実際に経営している企業は関係ない企業同士であること
も多い。図表 1 − 8 はハイアットの例である。

　さらに同一企業による経営でも，運営が異なっていることさえある。マリオ
ットがスターウッドを買収したため，たまたま同一の運営となったが，買収以
前は異なる企業の運営となっていたのが図表 1 − 9 の例である。

（3）宿泊事業の形態別分類

　宿泊事業の経営形態に関しては，さまざまな先行研究において説明されてい

図表1-9　マリオットを取り巻く構造

ホテル名	ウェスティンホテル東京	ウェスティンホテル仙台	東京マリオットホテル	ウェスティン都ホテル京都	大阪マリオット都ホテル
所有	ブライト・ルビー	森トラスト		近鉄・都ホテルズ	
経営	三田ホールディング	森トラストホテルズ＆リゾーツ		近鉄・都ホテルズ	
運営	スターウッド → マリオット		マリオット	スターウッド → マリオット*	マリオット*

(注) ウェスティンホテル東京の所有は，サッポロビール関連会社 → モルガン・スタンレー関連会社 → GIC → ブライト・ルビー。また，「*」は提携関係。

るが，なかなか理解しにくいのが現実である。例えば，ホテルについて考える際には一般的に，無意識のうちにホテルの運営を受託する会社を念頭に置いていることが多い。パークハイアット東京といえば，実際に経営している企業の関連会社であり所有会社の親会社でもある東京ガスという企業より，むしろ「ハイアット」というブランドの方が前面に出るし，グランドハイアット東京といっても同様に，「森ビル」のことはあまり意識しない。そして，両者をあわせて東京の「ハイアット」として認識し，それに小田急電鉄の系列であるハイアット・リージェンシー東京，さらにはアンダーズとハイアット・セントリックを加えて東京に存在する「ハイアット」を認識するということになるだろう。

　しかし，宿泊施設の従業員を雇用し，顧客から売上を直接的に得るのは経営企業である。そのため，チェーン名のみでは宿泊事業を理解しえない。ここでは，宿泊施設をその経営を取り巻く形態別に分類する。

① 所有／賃貸のみ

　かつて，演歌歌手や野球選手が「ホテル王」のようにもてはやされた時代があった。しかし，彼らが「買った」と豪語していたホテルは，海外の有名ホテルチェーンの名称であり，そこに違和感を持ったものである。

　この謎解きは，彼らはあくまで不動産の所有権を買収したのみであり，経営や運営にタッチしていたわけではないか，経営企業も買収したケースがあったかもしれないが，運営委託先は変更しなかった，ということである。

　一般に賃貸料は，

　住宅＜ホテル＜オフィス

の順に高くなるといわれるが，空室率などのリスクも

住宅＜ホテル＜オフィス

になるといわれる。そこで，多くの不動産を所有する主体は，不動産の所有を
リスクとリターンに応じて適宜配分してポートフォリオを構成し，所有のリス
クを可能な限り最小化し，リターンを可能な限り最大化するという方向性が志
向されることになる。

　積極的にホテルの不動産を所有しているのは，ホテルファンドと呼ばれるホ
テル専門に投資するファンドの他に，不動産ファンドも挙げられる。また，三
井不動産や三菱地所，森ビル，森トラストといった大手不動産会社も，ホテル
物件の所有に熱心である。

　近年では，外資による投資も盛んになってきている。実際，モルガン・スタ
ンレーやゴールドマン・サックスのような投資銀行と呼ばれる存在も，この世
界に足を踏み入れている。また，シンガポール政府投資公社（GIC）やドバイ
投資公社，ブルネイ投資庁といった，いわゆるソブリン・ウェルス・ファンド，
すなわち政府系ファンドもかかわるようになっている。

　わが国では，バブル崩壊後の 1990 年代初頭，不動産投資マーケットに大き
な変化が訪れた。地価の下落により，土地を担保にした大量の不良債権が顕在
化したのである。この不良債権を，ファンドが金融機関から安く買い取り証券
化し販売することを通じて，不動産業界の再生を図るようになった。他方，「都
市計画法」や「建築基準法」などの規制緩和がなされ，大手デベロッパーによ
る開発にも拍車がかかった。こうした流れを経て，不動産事業者は，資金調達
を銀行などの間接金融から，投資家やスポンサーから資金を預かって投資する
不動産証券化へとシフトするようになった。

　不動産を証券化する流れはその後さらに加速する。不動産投資信託（J-REIT）
が 2001 年に上場され，国内外の投資資金が不動産市場に流れ込むようになっ
た。このような背景の中，訪日外国人の増加による宿泊需要が高まっていった。
さらに，2016 年には容積率の緩和基準が改定され，同じ土地であれば床面積
のより広い建物が建てられるようになった。

　2020 年に予定されていた東京オリンピック・パラリンピック，2025 年の大
阪万博開催を目論んで，ホテルを主たる対象として投資するファンドである
「ホテルリート」が組成されるようになった。ホテルリートは，投資家から集

めた資金を元手に，ホテルや旅館物件を購入し，それを賃借人であるホテル・旅館経営企業に賃貸し，賃料収入等から必要経費を控除し，投資口数に応じて分配金として投資家に分配する。

　主なホテルリートとして，インヴィンシブル投資法人，いちごホテルリート投資法人，星野リゾート・リート投資法人，ジャパン・ホテル・リート投資法人，大江戸温泉リート投資法人，森トラスト・ホテルリート投資法人などが旺盛な投資を行っている。

②　所有直営型

　宿泊施設の経営会社が直接的・間接的に土地建物を所有する形態である。古くからある宿泊施設にはこのスタイルが多い。事業展開に際して，自社あるいは関連会社が不動産を取得して経営し，ブランド名についても自社で開発したブランドを用いる。

　黎明期のチェーンであるセザール・リッツによるパリのオテル・リッツとロンドンのカールトン，米国で初めて大衆的なホテルチェーンとして発展したスタットラーもこの所有直営であった。香港を拠点とするペニンシュラは，現在でも一部の例外を除いて所有直営が基本である（いずれのホテルも第 5 章を参照）。日本の帝国ホテルやホテルオークラも，当初からこの形態である。また，長らくプリンスホテルは一部の例外を除いては原則として所有直営のみであったし，東急ホテルズでも東急ホテルのブランドについては所有直営が原則であった。そして，旅館は今でも多くがこの方式をとっている。

　かつては国内の地方都市に，その街の迎賓館的なホテルが存在し，ほとんどが所有直営で経営されてきた。しかし近年では，廃業に追い込まれるか他チェーンに組み込まれ，独立性を失ったものが多い。数少ない例外といえるのが，鹿児島の迎賓館としての存在感が大きい「城山ホテル鹿児島」であろう。

　土地と建物を所有している企業の場合には，容積率の余裕分をオフィスや店舗として貸し出すことで，一定の売上を得ている企業も存在する。帝国ホテルのインペリアルタワー，ホテルニューオータニのガーデンコート，パレスホテルのパレスビルが好例である。一方で，このタイプは資産効率も宿泊施設経営企業が考慮しなければならず，宿泊・料飲事業といった固有の業務とは異なる能力が必要とされることにもなる。

写真 1 － 1　鹿児島の迎賓館として所有直営型を堅持する城山ホテル鹿児島

写真 1 － 2　桜島を望む同ホテルの SHIROYAMA インペリアルスイート

出典：いずれも著者撮影。

　前述したように，ホテルよりもオフィスの方が，一般にはリスクはやや高くなるもののリターンは大きい。さらに，ホテルに併設されているオフィスは，賃貸料も高めに取れることが多い。それゆえ不動産の価値を高めることを目的に，再開発ビルにホテルが誘致されることも増えてきている。以上から，賃貸用スペースの確保によって不動産の持つ価値を複数の事業に割り振ることになり，最適なポートフォリオを組んでいくこともできるようになる。

③　賃貸借型（リース型）

　宿泊施設の経営会社が，土地・建物の所有会社から土地・建物を借りて経営する形態である。土地だけの賃借，土地と建物躯体だけの賃借，土地と建物躯体，内装の一部にわたっての賃借など，いくつかのパターンが存在する。所有

区分は，内装の劣化時や機器の故障時における修理責任の所在などに関わってくることになる。

　この方式は，東京に拠点を持つホテルチェーンが，シティホテル・タイプの施設を展開する際に多く用いてきた。また，近年わが国に進出してきている，海外ブランドのラグジュアリー・クラスでも多くみられる。

④　**運営受委託型**（マネジメント・コントラクト：MC）

　土地・建物を所有する宿泊施設経営会社が，あるいは土地・建物の所有者から賃借した宿泊施設経営会社が，チェーン展開を行っている運営受託会社に対して運営を委託する形態である。

　この形態では，運営受託会社のチェーンに加盟することから生じるメリットが享受できるうえ，サービス提供のためのシステムや従業員教育などさまざまなノウハウも提供される。そのため，それまで宿泊事業にかかわりがなかった企業でも宿泊事業への参入ができることになる。一方で運営委託料を支払う必要性が生じることにもなる（図表1 − 10）。

　運営受託会社が持つ運営責任の及ぶ範囲は契約によって異なる。GM（総支

図表1 − 10　運営受委託を取り巻く構図

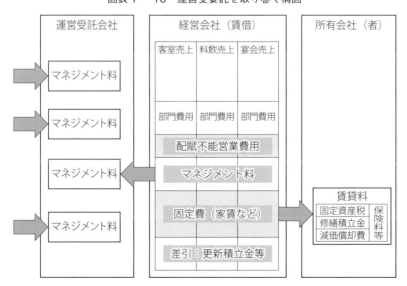

出典：ジョーンズ・ラング・ラサール社資料などをもとに著者作成。

配人）や部門マネージャーの派遣まで行い，部門ごとの人事権も握る場合から，
1～2名のみの派遣によりあくまで運営指導と予約システムの結合に留まる
ケースまで幅広い。

　この方式は，海外のホテルチェーンが日本に初めて進出する際に，多くのホ
テルにおいて用いられてきた。

⑤　フランチャイズ型（FC）

　コンビニエンスストアや居酒屋，ファミリー・レストランなどで幅広く取り
入れられている形態である。原則として宿泊施設運営会社からの人的派遣など
はなく，あくまで送客や予約システムの共有，あるいは商品やブランドの共有
など，マーケティング上の協力関係に留まる。

　かつてはビジネスホテルのチェーン展開にしばしば用いられてきたが，近年
ではチェーン内の施設ごとのサービス水準やハード水準の相違が生じてしまう
といった理由から，特に高価格帯のホテルにおいてはあまり用いられなくなっ
てきつつある。

　こうした宿泊事業の形態をまとめると，図表1－11のようになる。

図表1－11　宿泊事業の所有・経営・運営

	所有直営	賃貸借契約	MC	FC
不動産所有	経営会社	大　家	大　家	大　家
什器備品所有	経営会社	大家／経営会社	大家／経営会社	大家／経営会社
経　営	経営会社	経営会社	経営会社	経営会社
従業員の帰属	経営会社	経営会社	経営会社	経営会社
人事権・運営権	経営会社	経営会社	運営受託会社	経営会社
ブランド（看板）	経営会社	経営会社	運営受託会社	運営受託会社
マーケティング	経営会社	経営会社	運営受託会社	運営受託会社
例	帝国ホテル東京，ホテルオークラ東京，ホテルニューオータニ	マンダリンオリエンタル東京，ザ・リッツカールトン東京，ザ・ペニンシュラ東京，シャングリ・ラ ホテル東京	ウェスティンホテル東京，パークハイアット東京，グランドハイアット東京，コンラッド東京	ホテルインターコンチネンタル東京ベイ，名古屋マリオットアソシアホテル

出典：『週刊ダイヤモンド 2009 年 3 月 28 日号』を一部改変。

（4）宿泊事業とその他の関係

　以上で挙げた以外にも，ホテルに関係する企業の株に純粋に投資を行う企業が存在する。

　サーベラスは国際興業や西武ホールディングスなどに投資していたが，こちらは自社が積極的に経営や運営にかかわるというよりもむしろ，売却益に期待する方向性が強いようである。ただし，これは不動産の所有についても同様のことがいえる。このような志向は，他にもコロニー・キャピタルなどの米国系投資会社や投資銀行でも垣間見られる。

　一方，中東やアジアの投資に熱心な国による投資の場合には，経営や運営にもタッチしようとする点で大きな相違が生じている。

　いずれにせよ，キャピタルゲインとインカムゲインのいずれに重きを置いて期待するかで，ホテルとのかかわり方が決まってくるということになる。やや情緒的な反応になりがちな問題であるが，これはどちらが善でどちらが悪かという話ではない。ただし，短期的に売買が繰り返された場合には，株主からの圧力が高くなりがちで，高価格を実現できるブランドを持っていた場合にはそのブランド価値を数値化し，可能な限り広く使おうとすることになる。そのため，実際に当該ブランドを広く展開した場合には，ブランド・イメージが下がってしまいがちになることも多い。この点に関しては，第7章に「アマンリゾーツ」を巻き込んだ具体例を載せてあるので参照されたい。

主要参考文献

Walker, J. R.（2007）*Introduction to Hospitality Management*, Pearson Prentice Hall.
田尾桂子（2016）『グローバルオペレーターが変えるホテル経営：マネジメント契約はホテル産業に何をもたらしたか』白桃書房。
『週刊ダイヤモンド 2009 年 3 月 28 日号』ダイヤモンド社。

（徳江 順一郎，石川 達也）

第2章　宿泊施設の事業内容

1．宿泊事業の概略

　宿泊施設は，普段とは異なる生活圏内で過ごすために存在するわけであるから，非日常の空間となる。とはいっても，衣食住のうち，食と住に密接にかかわるビジネスを展開しているという点で，ホテルや旅館の造りも，基本的な部分ではわれわれが生活を行う家と大きく異なるわけではない。そこで睡眠など休息をとり，食事をするといった時間を過ごすための場所の提供ということでは同じ機能を果たすために存在しているからである。現に，マンションを改装してホテルとして営業しているところさえある。

　しかし，もちろん異なっている点も多々ある。家は特定の個人とその家族のみの利用であるが，宿泊施設は不特定多数の利用客がいることが，もっとも大きな相違点であろう。そのために，何日も，そして何年間も使う設備に関しては，ある程度「最大公約数」にならざるをえない。設備に関して個人的には「もう少しこうだったら，ああだったら」と感じる部分があっても，それはこの意味で仕方がないともいえる。実際にはこうした「もう少し」という部分に関して，「サービス」という「ソフト面」で対応することになる。

　サービス・マネジメント論の中核をなすサービス・デリバリー・システムの理論では，お客様に直接接する要素を「フロント・オフィス」，お客様に接しない要素を「バック・オフィス」として分けて考察する。本書では，この視点ではなく，宿泊施設を検討する際によく用いられる分類で検討する。つまり，特にホテルにおいて中心となって機能する3つの事業部門，すなわち宿泊部門（客室部門ともいう），料飲（サービス）部門，宴会部門を軸に，その他のサービス要素を扱う部門，そして管理部門を取り上げ，その概要について説明する。なお，施設によっては名称が異なっているケースや，複数部門がまとめられていることもある。

２．宿泊部門

（１）事業特性

　宿泊部門の商品である客室は，お客様が安心・安全・快適に滞在するための客室というハード面と，それに付随する人的サービスやシステムなどのソフト面の両方を兼ね備えることで商品を構成する。この客室には，いくつかの制約事項があることに注意が必要である。

　提供しているのがサービス財であるということから，無形性や生産と消費の不可分性といった一次的特性から，さらに派生する提供側とお客様側の協働の必要性，品質・性質の変動性といった，サービス財に特有の制約が生じることになる。また，宿泊事業特有の制約として以下が挙げられる。客室数は有限であるため，販売可能室数には限りがある（量的制約）。そして，客室は毎日，再販を繰り返す商品であるため，限られた時間内に初期状態（販売が可能な状態）にまで戻さなければならない（時間的制約）。さらに，24時間／365日サービスを提供するのが基本でありながら，需要側は時間や季節，社会情勢等によって変動する。それに合わせた人員配置をしなければならない。

　なお，客室にかかる経費は一般に，他部門と比較してそれほど高くはない。一方で，人的サービスの介在により，高単価での販売可能性が相対的に高く，結果として収益性も高くなる可能性がある。

（２）業務内容

　宿泊部門と言ってもその業務は非常に多岐にわたっており，その結果として，当該部門の従業員の行動範囲も，客室以外にロビーなどのパブリックスペース，従業員用のバックスペースや駐車場まで広範囲にわたる。

　フロントデスクはレセプションともいい，宿泊施設を利用するすべてのお客様に対する総合窓口業務を行う。チェックインからチェックアウトまでの客室管理から会計・両替業務（キャッシャー・エクスチェンジ），ホテルへの外線の取次ぎ（オペレーター）等，宿泊に関するすべての業務を担う。また，ホテル内外のすべての情報が集約され，その都度状況に応じた対応が必要とされる。

　客室予約（リザベーション）は，宿泊されるお客様の翌日以降におけるすべて

24

図表2－1　宿泊部門の業務内容

部門・部署（呼称名）	主な業務
フロントデスク（レセプション）	レセプション，会計，当日予約，インフォメーション，電話交換（PBX），他
客室予約（リザベーション）	一般予約，予約手配，レベニュー・マネジメント，Web管理，他
フロントサービス（ベルキャプテンデスク）	ドアスタッフ，ベルスタッフ，駐車場・バレット，他
ハウスキーピング	客室清掃，客室管理（故障・修繕），パブリックスペース管理，ランドリーサービス，他
その他	アシスタントマネージャー，ナイトマネージャー，コンシェルジュ，バトラー他

（以下，本章内の図表は著者作成）

写真2－1　フォーシーズンズホテルソウルのフロント周辺

（以下，本章内の写真は著者撮影）

の客室予約管理を担う。なお，当日予約はフロントデスクで行うのが主流である。販売価格設定や販売予測を行いながら客室収益の最大化をコントロールするレベニュー・マネジメントが重要な業務となる。また，Web予約の販売管理等もリザベーションの業務になる。

　フロントサービス（ベルキャプテンデスク）は，ホテルを利用するすべてのお客様に対する，玄関周りからロビー，客室までのエスコート（ご案内）を担当する。施設内を縦横無尽に動き，了承があれば，滞在中のお客様の部屋にも入退室できる唯一の担当者である。

　ハウスキーパーは，客室を再販可能な状態にするための清掃と，お客様の滞

在をより快適にするための「住」に関するすべての業務を担う。客室を塵一つない状態まで清掃し，あわせてランドリーサービス（洗濯物）やシューシャインサービス（靴磨き）など一種の家事代行サービスに近いことも担当する。

その他に，以下のような業務が存在する。アシスタントマネージャーはお客様からの相談や苦情，VIPの送迎等を，総支配人の代理として担う。即断を求められる状況が多く，ロビーにおける最高責任者でもある。ナイトマネージャーは夜間支配人とも呼ばれ，夜間の総支配人代理として，ホテルの責任者としての業務を担う。24時間365日稼働しているホテルに特徴的な職種である。コンシェルジュはお客様のさまざまな質問や要望にお応えし，手配等を行う。特に近年，お客様の欲求の細分化が進み，一辺倒の情報ではなく，より細かくかつユニークで特別感を感じられるような演出や手配が必要とされ，その手腕を問われる業務である。バトラーは，1組のお客様の到着から出発までの間，滞在のすべてをお世話する担当者（執事）である。本来は1組のお客様専属で担当するものであったが，近年，サービスの多様化が進み，ホテルの「クラブフロア」を担当するスタッフの総称として「バトラー」と呼ぶことも増えた。

宿泊部門の従事者は，少なくとも施設内全業務の概要を知る必要があり，特にグローバル化や情報化社会に対応できる，プロフェッショナルとしての業務知識を身につけておく必要がある。また，業務上の経験だけでなく，自身の私生活での経験を通して身につけるべきことも多いことから，完成形が存在しない特殊な業務でもあることも念頭に置く必要がある。

（3）宿泊部門のポイント
①　客室のラインナップと構造

顧客が宿泊するための客室は，ホテルでも旅館でも，一般クラスであれば1部屋によって構成されるのが基本である。

ホテルの場合，スタンダードの客室は，バジェット〜エコノミーで10〜15㎡前後，ミッドプライスで20㎡前後，アップスケールで30㎡前後，ラグジュアリーでは40㎡前後以上の専有面積があり，その範囲内でベッド，ソファや椅子とテーブルや机，そしてバスタブ，シャワー，トイレなどのあるバスルームが配置される。バスルームには，バスタブとは別にシャワー・ブースが設置されることもある。

写真２－２　フォーシーズンズホテル丸の内東京のシャワー・ブース

　そして，施設によっては，スタンダードより上級の部屋が何段階か用意され
ていることも多い。この場合には一般に，客室の広さ，客室内の部屋数などで
グレードが分かれることになる。加えて，付帯サービスも増えることが多い。
例えば，上級クラスの宿泊者専用のラウンジが利用できたり，朝食が無料で提
供されたりする。

　そうしたラインナップの最上級として，スイートルームと呼ばれる，客室内
で部屋が分かれた形式の客室が用意されていることがある。一部のミッドプラ
イスの施設にみられるほか，特にアップスケールやラグジュアリーではほとん
どの場合にスイートルームが用意されている。スイートの中でもさらにランク
によって分けることができ，一般の客室２室分から，実に10倍程度の大きさ
のものまで存在する。メインのベッドルームとリビングルームが分かれている
だけでなく，ダイニングルームも別にあったり，サブのベッドルームや専用の
トレーニングルームなどが用意されていたりもする。また，ジュニアスイート
と呼ばれる，簡単な仕切りでスペースが分けられているタイプもある。こうし
た多様な客室が組み合わされて，一施設の客室ラインナップが形成される（図
表２－2）。

　逆に，バジェットとエコノミー，そして一部のミッドプライスでは，３段階
程度のグレードにまとめることで，特定の市場セグメントに集中し，そのセグ
メントにおける強みを獲得することを目指す場合が多い。

　旅館では，もっとも小さなところでも６畳程度の広さが確保されている。た
だし，この価格帯では大浴場のみならずトイレも共同となるのが一般的であ

図表2-2　架空の施設における客室ラインナップ例

	客室名	専有面積	部屋数	ラックレート
クラブフロア （専用ラウンジ などの利用可）	プレジデンシャルスイート	240 ㎡	5	500,000 円
	エグゼクティブスイート	120 ㎡	3	200,000 円
	クラブスイート	80 ㎡	2	100,000 円
	デラックス	40 ㎡	1	40,000 円
一般フロア	ジュニアスイート	65 ㎡	1.5	55,000 円
	スーペリア	55 ㎡	1	45,000 円
	スタンダード	40 ㎡	1	35,000 円

る。標準的なのは，8畳〜12畳程度のスペースに広縁がついていて，トイレと簡単なバスルームもついているというものである。

　旅館でも高価格帯の施設には，寝室，くつろぐための部屋，というように，8畳〜12畳の部屋が複数用意されている場合もある。最近では布団ではなく寝具にベッドを使用する旅館も増えてきているが，この場合はベッドの部屋が用意されることが多い。中には，囲炉裏の間や，書斎のようなスペースを確保しているケースも存在する。

　ラグジュアリー・クラスの，特にリゾートホテルの場合には，各客室が独立した建物となっている「ヴィラ」の形式や，2つの客室を1つの建物に収容したテラスハウスのような建物が用意されることもある。そして，こうしたヴィラは，海の上や湖の上などに立っていたり，専用のプールやジャグジーが備えられていたりすることもある。

　これは旅館における，専用の露天風呂付き「離れ」の存在と同様である。いずれもプライバシーを重視し，「個」客としての対応を志向している。

　なお，以上のような各宿泊施設の設備と図表1-4で試みた分類とを対比させると図表2-3のようになる。

② 　レベニュー・マネジメントを取り巻く話題

　こうした客室を，少しでも定価に近い金額で，可能な限り全室を売ろうと宿泊施設は努めることになる。しかし，現実問題としては，定価のままではなかなか予約が埋まらないのが実態であり，一方で値引きをし過ぎると，実収入が下がってしまうことに加えて，ブランド・イメージが毀損してしまいかねない

写真２－３　マレーシアの水上シャレー（Langkawi Lagoon Resort）

※平屋を「水上コテージ」，２～３階建を「水上シャレー」と呼ぶことが多い。

写真２－４　専用の露天風呂と内風呂（五足のくつ）

図表２－３　グレードの分類と客室の特徴

価格帯による分類	バジェット Budget	エコノミー Economy	ミッドプライス Midprice	アップスケール Upscale	ラグジュアリー Luxury
機能による分類	←リミテッド・サービス→		フル・サービス		←リミテッド・サービス→
専有面積	10～15㎡		20㎡	30㎡	40㎡以上
スイートの有無	無	無	一部有	有	有
その他の特徴					バスルーム内のシャワーブース
					独立ヴィラ／シャレー
					専用プール／ジャグジー

というリスクも負うことになる。

　そこで，宿泊事業者はさまざまな手段を講じて，1室でも多くの客室を，少しでも高く売ろうと多様な試みを行ってきた。この1つがレベニュー・マネジメントといわれるが，この手法が用いられるようになってからは，宿泊施設の指標はかつてのような稼働率一辺倒のものではなくなってきつつある。

　新しく注目されるようになったのは，RevPAR と ADR という指標である。RevPAR は Revenue Per Available Room の略であり，ADR は Average Daily (Room) Rate の略である。すなわち

　　RevPAR ＝期中の客室売上高／期中の総販売可能客室数
　　ADR　　＝期中の客室売上高／（期中の総販売可能客室数×客室稼働率）
　　　　　　＝期中の客室売上高／期中の実売（実稼働）客室総数
　　　　　　＝ RevPAR ／客室稼働率

である。ここから，ADR は実際に取引された客室の価格の平均であるのに対し，RevPAR は1室が平均でいくら稼いだかを示していることが理解できよう。

3．料飲（サービス）部門

（1）ホテルにおける料飲（サービス）部門

　フル・サービス型のホテルにおいて料飲（サービス）施設（以下，「料飲施設」という）などを管轄する部門を「料飲（サービス）部門」（以下，「料飲部門」という）という名称で運営しているホテルが多い。メインダイニングと呼ばれるホテルの「顔」となるレストランをはじめとした各種料理のレストラン，主にホテルのロビーなどにあるラウンジ，そしてバーなどによって料飲部門が構成される。

　料飲施設では宿泊客以外にも，地元のお客様も利用客となる可能性がある。宿泊客の朝食は宿泊代金に含まれることもあり，宿泊客の多くはホテルのレストランで朝食を摂るが，昼食・夕食を宿泊ホテルで摂るということは必ずしも多くはないため，宿泊客の昼食・夕食の喫食率を上げることが今後の課題として挙げられる。

　なお，料飲は専門性の高い業務であるため，旅館でも別部門で扱われること

が多いが，通常の旅館では多種類の料飲サービス施設を揃えていたりはしないことから，本項ではホテルを基本として論じる。

（2）料飲サービスの系譜とメインダイニング

旅館は部屋食が基本である場合など料飲施設を持たないこともあるが，ホテルには一般に，複数の料飲施設が展開されていることが多い。

こうしたさまざまな料理のうち，フランス料理は長きにわたってホテルの「メインダイニング」という位置を占めてきた。そこで，フランス料理の歴史を眺めて，それがどのようにホテルとかかわりを持ってきたか考察する。

写真2－5　東京ステーションホテルのメインダイニング：ブラン・ルージュ

①　フランス料理

フランス料理を広めた存在としては，やはりホテルを抜きには語れない。現在でもそうであるが，ホテルの料飲施設の中心的存在であるメインダイニングには，フランス料理のレストランが据えられることが多かった。

しかし，日本最初のフランス料理店は実はホテルではなかった。わが国最初のフランス料理店は，1863（文久3）年に草野丈吉が長崎郊外に開店した西洋料理店「良林亭」であるといわれている。草野は農家に生まれ，出島のオランダ人家庭に住込みで雑用係となり，その後，オランダ総領事の下で西洋料理を修業した。開国後，オランダ軍艦の乗組員となって料理技術を上げたのち，島津藩に料理人として雇われることになる。そして良林亭を開店し，やがて大阪や神戸に支店の「自由亭」を出店するに至っている。

その後，1876（明治9）年に上野精養軒が開店した（ここは昭和30年代までは最高峰のレストランの1つに数えられていた）。一方，鹿鳴館が1883（明治16）年に開館し，ここでもフランス料理は提供されていたが，1887（明治20）年には閉館に近い状態となり，1890（明治23）年には宮内省に払い下げられた。この

頃から，東京だけで 100 店ものフランス料理店が新規開店している。そして，海外の窓口であった横浜には，1927（昭和 2）年，ホテルニューグランドが開業する。上野精養軒と次で詳述する帝国ホテル，そしてニューグランドは，長きにわたってフランス料理界の「御三家」と呼ばれていた。

　帝国ホテルは開業した際，朝食室，舞踏室，臨時会食室でフランス料理を提供した。当時の価格は朝食が 50 銭，昼食が 75 銭，夕食が 1 円であったという。大工の日当が 15 〜 20 銭という時代の話である。

　第二次大戦時まではフランス料理が一般に広まるには至らなかったが，接収中の 1950（昭和 25）年に帝国ホテルの「フレンチレストラン」が開業し，これがその後の発展の礎となった。1970（昭和 45）年に現在の新本館が完成すると，同時にフラッグシップ・レストランともいえる「フォンテンブロー」が開業し，わが国におけるフランス料理界をリードする存在となった。しかし 1993（平成 5）年に，「赤字に耐えられず」（村上（2004），p.214），「フォンテンブロー」は惜しまれつつ閉店することになった。

　現在の帝国ホテルでは「レ・セゾン」という，いわゆるヌーベル・キュイジーヌを軸とした料理を提供する店舗がメインダイニングに位置づけられ，サブ的な存在として，「ラ・ブラスリー」というビストロに近い業態の店舗も保持している。かつてはこれら 2 店に加えて，前述の「フォンテンブロー」，さらに「プルニエ」という魚介専門のフランス料理レストランが存在した。

　一方で，こうしたホテルにかかわりつつも，街でレストランを開いた人間の事例としては，札幌グランドホテルから帝国ホテルを経て，スイスを皮切りに欧州の有名店で修業し，「オテル・ド・ミクニ」の開店にこぎつけた三國清三のような存在もいる。

　フランス料理界では，日本での一流レストラン・ホテルでの修業から，海外の有名シェフの店での修業といったプロセスを経ることがその後の一定の評価を得るポイントとなってきた。そうした修行を積んだ料理人が橋渡し役となって，わが国におけるフランス料理の発展に寄与してきたといえよう。

　そして三國清三のように自分の店を出す存在もいれば，一方でやはりホテルのレストランや飲食部門全般の頂点である総料理長を目指す，という道筋も評価されるということになる。

　さらに，なぜ料理界の「御三家」と呼ばれていたか。それは，料理の質はも

ちろんだが，この3店出身の料理人に著名人が多く出現したためである。

　料理そのものの輸入は不可能であるから，料理人を輸入するという発想で，ホテルニューグランドにはサリー・ワイルという名料理人が登場することになった。次のステップとしては料理技術の輸入ということで，「天皇の料理番」ともいわれた秋山徳蔵のような存在がクローズアップされる。ここに至ると，その後を追う者たちも出現し，やがて一般への普及を前提とした，料理という精神の輸入という方向性になる。そこでホテルが果たした役割は，帝国ホテルの村上信夫やホテルオークラの小野正吉といった名物料理人たちの存在も大きかっただろう。しかし，苦労して修業したシェフたちの存在も忘れてはならない。

　御三家出身をはじめとした料理人たちが修行に出たのは，今のように気軽に海外に行ける時代ではなかった。苦労して渡仏し，飛び込みのような形でレストランに入門していたという。もちろん何軒も門前払いだったりもする。しかし，なんとか実力をシェフに認めてもらい，色々な仕事を任せられるようになると，よりランクが上のレストランに移って，さらに修行を続けていくという繰り返しだった。

　こうしたことの結果として，フランス料理がホテルのレストランにおけるメインの座についたわけであるが，近年，フランス料理だけがメインダイニングとは限らなくなってきている。東京のトップレストランの1つに数えられる，パークハイアット東京のメインダイニングとして最上階に位置する「ニューヨークグリル」は米国料理といえるものであるし，他にも多様なレストランを擁し，フランス料理以外をメインダイニングとするホテルが増えている。

　そこで，次項ではこの代表として，イタリア料理についても考察する。

② **イタリア料理**

　イタリア料理は戦後アメリカ経由でわが国に紹介され広まったため，スパゲッティやピザなど，軽食の部類に含まれるものが主流を占めてきた。しかし，バブル期の前後から，フランス料理ほど肩肘張らずに楽しめる点が評価され，イタリア料理店は急速に増加した。それらはリーズナブルな料金で本格的な味が楽しめ，流行に敏感な人々を中心におしゃれなグルメとしてもてはやされるようになった。ところがホテルにおいては，イタリア料理はあまり大きな成功

を収めているとはいいがたい。

　例えば帝国ホテルにおいて，1997（平成9）年に「チチェローネ」というイタリアン・レストランが開店したが，残念ながら2006（平成18）年に閉店してしまった。京王プラザホテルにおいても，1990（平成2）年に「ロ・スパツィオ」が開店したが，2003（平成15）年にホテル内で移転後，2005（平成17）年に店名を変えてリニューアル・オープンしている。

　ホテル椿山荘東京において，フォーシーズンズホテル椿山荘東京として開業した際にメインダイニングとして据えられたのはフランス料理ではなく，イタリア料理の「ビーチェ」であった。こちらも現在，「イル・テアトロ」として再出発している。ただし，同ホテルでは，中華料理店「釣魚台養源斎」も同格のメインダイニングとして位置づけられていた。

　このようにホテルのイタリアン・レストランは，さまざまな試行錯誤が続いた。

　イタリア料理界にはむしろ，街のレストランに有名人がいる。「アルポルト」の片岡護，「アクアパッツァ」の日高良実，「ラ・ベットラ・ダ・オチアイ」の落合務が「御三家」ということになるだろう。ただし，日高は神戸ポートピアホテル「アラン・シャペル」での修行経験があり，落合もニューオータニでの経験があることを付記しておく。

　イタリア料理のシェフには，当初はフレンチのシェフを目指していたが途中から転向した，という事例が多い。それは，マーケットの評価においてフレンチに匹敵する存在の店が，特にホテルのレストランとしては，日本にはあまりなかったという理由もあるだろう。「高級な西洋料理」＝「フランス料理」という枠組みが一度できてしまうと，そのイメージを覆すのはリスクが高く，既存のホテルが率先して行うには至らなかったと考えられる。

　帝国ホテル，京王プラザホテル，ホテル椿山荘東京の例はそのことを証明している。そして，近年のホテルにおけるメインダイニングあるいはそれに次ぐ位置づけとして，グリル料理や鉄板焼きのレストランが流行している。次項ではグリル料理，鉄板焼きについて考察する。

③　グリル料理／鉄板焼き

　「グリル」とは網焼きを意味し，素材を網焼きすることにより素材そのもの

の良さを引き出す調理法である。西欧のホテルでは元来，最上級のア・ラ・カルトを提供するレストランの呼称として「グリルルーム」という言葉が使用されてきたが，わが国における現在のグリル料理のレストランは，肉や魚介類などの素材を焼いた料理を提供するレストランとして定着している。前述したパークハイアット東京のメインダイニングである「ニューヨークグリル」もグリル料理を中心とした米国料理であり，ヒルトン東京における現在のメインダイニングは「メトロポリタングリル」というグリル料理を中心としたレストランである。また，グランドニッコー東京台場では「The Grill on 30th」というレストランをメインダイニングと位置づけている。さらに，同ホテルでは同じフロアに鉄板焼きレストラン「銀杏」も新設した。

写真２−６　ヒルトン東京のメトロポリタングリル

　素材を焼いて提供するという手法はグリル料理とも共通するが，鉄板焼きの場合には，シェフが目の前に立ち鉄板越しに会話を楽しみながら食事をすることができるという特徴がある。また，鉄板焼きはわが国独特の調理としても海外から注目されており，インバウンド客が鉄板焼きレストランによく足を運ぶのも鉄板焼きレストランが増加している原因であろう。御三家でも帝国ホテルの「嘉門」，ホテルオークラの「さざんか」，ホテルニューオータニの「石心亭」，「清泉亭」，「もみじ亭」など，それぞれ鉄板焼きレストランを展開しており，ウェスティンホテル東京の「恵比寿」，コンラッド東京の「風花」など外資系といわれるホテルでも多くが鉄板焼きのレストランを有している。

　シェフが会話することにより料理人も接客をするというスタイルが，日本固有の「おもてなし」という精神にもつながること，また和牛や魚介類をはじめ

とした質のいい食材が楽しめるということが，鉄板焼きの人気につながっていると推察する。

（3）料理を取り巻く状況

① ホテルにおける料飲施設の展開

　ホテルと旅館の最大の相違点の1つは，客室内で食事を摂ることが基本か否かである。もちろんホテルでもルームサービスで食事を頼むことは可能であり，また，近年では料飲施設を持たない宿泊特化型やあってもごく簡単なもののみとした宿泊主体型と呼ばれる施設も増えてきているし，旅館でも食事を客室以外の場所で供されることもある。しかし，改正前の旅館業法では，ホテルは客室以外の供食施設が前提となっていたが，旅館はそうではなかった。

　巨大なホテルになると，レストランやバー・ラウンジなどを多数擁していることが多い。ただし，この中にはホテル企業が直営しているものと，テナントとして入居させているものとに分けることが可能である。例えばホテルニューオータニのホームページでは，

　・西洋料理，・日本料理，・中国料理，・ビュッフェ，・鉄板焼き／ステーキ
　・カフェ・ラウンジ，・ケーキ・パン，・バー

と大きく分け，それぞれのカテゴリーに店舗が複数存在する（http://www.newotani.co.jp/tokyo/restaurant/　2020年6月25日アクセス）。そしてその中に，直営店舗とテナント店舗が混在しているのである。

　さらに，この中でもさまざまな料理が楽しめるビュッフェ料理が近年人気であり，多くのホテルで展開されている。

② ビュッフェ料理の興隆

　ビュッフェ・メニューは「食べ放題」や「バイキング」などと言い換えられることがある。ホテルでは「食べ放題」と前面に打ち出して告知することは少ないが，街中のレストランでは「食べ放題」を前面に打ち出しているところもある。

　また，「バイキング」という名称は，帝国ホテルが発祥とされている。1957（昭和32）年，新館建設のため新しいレストランを模索していた当時の犬丸徹

三社長が，好みのものを自由に食べるスカンジナビアの伝統料理「スモーガスボード」に着目し，のちの総料理長・村上信夫が研究し，1958（昭和33）年に日本初のビュッフェレストラン「インペリアルバイキング」が誕生した。バイキングという言葉の由来は当時話題であった海賊映画バイキングから着想を得たとされ，その後，わが国では「食べ放題＝バイキング」と広く認知されるに至った。

　現在では，帝国ホテルの「インペリアルバイキング サール」の他にも多く出現しており，ジ・オークラ・トーキョーの「オールデイダイニング オーキッド」，ホテルニューオータニの「VIEW&DINING THE SKY」や「タワー・ビュッフェ」，ヒルトン東京の「マーブルラウンジ」，品川プリンスホテルの「LUXE DINING HAPUNA」などが代表的である。

写真２−７　ビュッフェタイプの朝食（Eastern & Oriental Hotel）

③　近年のトレンド：地産地消

　「地産地消」とは，その地域で作られた農産物・水産物を，その地域で消費することを指す。輸送費用を抑え，フードマイレージ削減や，地域の食材・食文化への理解促進（食育），地域経済活性化，食料自給率のアップなどにつながるとされる。レストランとしても地産地消を提唱することでさまざまな配慮をアピールできるという利点もあり，かつメニュー内に地元産という文言を入れることで顧客の満足度向上につなげることができる。

　旅館やリゾートを中心に，多くの施設で重要なキーワードになるだろう。

（4）飲料を取り巻く状況

　飲料が主たる料飲施設として，ホテルでは，フロアの席がメインとなる「ラウンジ」と，カウンター席がメインの「バー」とが存在する。ラウンジは，高層階の景色が綺麗な場所にあったり，店内で生演奏がなされたりすることが多い。そして，その景色や生演奏を理由として，チャージと呼ばれる追加料金（というか入場基本料金と言った方が正しいかもしれない）が取られることになる。ラウンジにはカウンター席も用意されていることが多く，ラウンジで供される酒類は基本的にこのカウンターで準備されることになる。

　かつては「メインバー」という表現をよく耳にした。これは，カウンターのみか，または席数のかなりの比率をカウンター席が占める形態であり，重厚な雰囲気でシングルモルトやブランデーなどのハードリカーを楽しむお客様がゆっくりと時間を過ごしていた。これに対して，多少ライトな感覚も加味されたバーが用意されていることもあり，さらにラウンジとの使い分けによって多様なシーンに対応することが可能である。他にもワインバーや日本酒バーなどをラインナップに加えているホテルも存在する。

　客室数わずか35室の山の上ホテルには，カウンターのみのメインバー「ノンノン」とワインバー「モンカーヴ」の2軒のバーが揃い，かつては別館に，「モンモン」というレストラン併設のややライトな感覚のバーもあった。

写真2−8　ワインが並ぶ山の上ホテル「モンカーヴ」のカウンター

　新宿の京王プラザホテルでは，メインバーの「ブリアン」，日本酒バーの「天乃川」，スカイラウンジの「オーロラ」，多用途に利用可能なラウンジの「カクテル＆ティーラウンジ」，アートラウンジと名づけられた，お茶がメインのラウンジである「デュエット」がある。なお，他にカラオケルームの「カラオケ47」まで用意している。かつてはさらに多くのバー・ラウンジが存在していた。

　バーやラウンジが減少している一因として，現代のホテルでは「宿泊者専用ラウンジ」を設置する傾向が高まっていることが挙げられよう。この施設は，空港にあるラウンジを参考に作成されたともいわれ，京王プラザホテルでもラ

グジュアリー・クラスの宿泊者に対するラウンジとして「クラブラウンジ」，「リュクスラウンジ」と2つの宿泊者専用ラウンジを展開している。

　こうしたラウンジやバーは，近年では旅館にも用意されていることが多い。宿泊客以外にはあまり需要を期待できない中で，近隣の宿泊客を獲得することに努めたり，従業員のシフトをうまく組んで少ない利用客でも成り立つようにしたり，さまざまな工夫がなされている。

　また，かつては冷蔵庫を「ミニバー」と称してビールやジュースなどのさまざまな飲み物を揃えた，まさに「小さなバー」のような存在としてとらえることが多かった。実際には冷蔵庫の横にウィスキーやブランデーなどのスピリッツも置かれており，これらを総称して，あるいはスピリッツ類のみで「ミニバー」というのが本来である。最近では，冷蔵庫を取り巻く状況も変化し，ラグジュアリーではすべてコンプリメンタリー，すなわち冷蔵庫内の飲み物は無料としているケースもあれば，ミッドプライス以下のホテルでは空のままにしておき，好みの飲料を買ってきてもらうようなスタイルも増えてきている。特に近年ではホテル内やホテルの近隣にコンビニエンスストアが存在していることが多く，「ミニバー」の必要性が減少しているということは否めない。

4．宴会部門

（1）ホテルの中の宴会部門

　ホテルの宴会部門は，バブル期までは，ホテル全体の売上の60％以上を占めるホテルもあり，まさにホテルビジネスの花形的なセクションといっても過言ではなかった。大企業の社長就任披露パーティーや政治家のパーティーを筆頭に，豪華絢爛たるパーティーが連夜開催されていたものであった。実際，御三家が御三家たるゆえんとしては，社長就任披露パーティーの数が抜きんでて多かったからという説もある。かつてのパレスホテルは宿泊部門と料飲部門では決して遜色なかったが，宴会部門の弱さで「準御三家」的な印象となってしまっていたともいわれているくらいである。

　しかし，景気の減退と競合する新たな施設の開業などにより，急激な市場変化に組織機能の大きい宴会部門は方向転換が容易でなく，サービススタッフ，調理スタッフ，営業スタッフなどの固定費となる人件費と，宿泊と比べて高い

原価率により収益性は悪化の一途をたどった。流通業界において，バブル崩壊後，百貨店が市場の力学によって衰退淘汰されたが，ホテルの宴会部門も似た側面がある。

　景気の減退とともに宴会部門は衰退したが，近年ではMICE案件における需要が増したこと，高齢者人口の増加により個衆会合が増加したこと，宴会場で開催されるイベントの多様化などにより持ち直しつつある。

（2）宴会部門の特徴

　宴会部門とは，前述の宿泊施設の分類では，いわゆる「フル・サービス型」ホテルの1つの枢要な機能である。また，こうしたホテルは，宿泊，料飲，宴会というホスピタリティに不可欠な要素を揃えていることから，「総合的なホスピタリティビジネス」ともいわれる。

　端的にいえば，宿泊部門は，時間と空間（部屋）を貸す不動産事業に近く，料飲部門はレストラン・バーなど飲食業である。宴会部門は両部門の特長を生かしたビジネスで，宴会場という空間を時間貸しし，顧客の利用目的に合わせた設えを施したうえで，料飲サービスも提供するビジネスである。

　そして，宴会部門の商品を大別すると「婚礼」，「一般宴会」の2種類に分けられる。その利用にかかわるすべてのアイテムが宴会部門の商品として計上されるが，それぞれに特徴がある。

（3）宴会の分類：婚礼と一般宴会

　「婚礼」とは，世間一般で使用する単語ではないものの，結婚に関するものであるということは推察できよう。結婚を誓うセレモニーである「結婚式」，親族・友人への披露の場となる「披露宴」はもちろん，カジュアルなスタイルの「ウエディングパーティー」，結婚披露宴後の「二次会」，結婚前に行う両家の顔合わせなども兼ねた「結納」なども，ホテルによっては婚礼の分野に含まれる。特徴はまず，高単価であることが挙げられる。事実，リクルートブライダル総研の「2019年結婚トレンド調査」によれば，挙式・披露宴1件当たりの単価として，全国平均で354.9万円となっている（ただし，2022年の調査では，新型コロナウィルスの影響もあり，303.8万円である）。

　これは披露宴会場や料理・飲物などの費用以外にも，新郎新婦の衣装やヘア

メイク・装花・引出物など「一般宴会」にはない商品が加わることが要因である。ただし，ホテルで用意できるのは会場費・料理・飲物のみであり，他の商品は外注となる。よって利益率という点では，婚礼は相対的に低い。

　婚礼以外の宴会のすべては「一般宴会」とくくられる。これはさらに，総会や周年パーティー，新商品発表会，販売会や展示会などの法人を中心とした「法人会合」と，同窓会や長寿の祝い・法要などの個人的な集まりを中心とした「個衆会合」とに分類される。単価は婚礼ほど高くはないものの，婚礼に比べれば外注品が少ないため利益率が高い。特に販売会や展示会は会場費が売上のほとんどを占めており，利益率が高くなるのは必然といえる。

（4）宴会を取り巻く状況

　現在の宴会の動向としては，少子化と「ナシ婚」の増加によって減少している「婚礼」，海外を中心としたMICE案件の増加と，高齢化による同窓会・長寿祝いの実施増加などを原因として，比較的好調な「一般宴会」という構図になっている。この構図は，新型コロナウィルスの蔓延までは，今後も続いていくものとみられていた。そこで，宴会部門の状況を整理する。

　婚礼ビジネスの集客には特別なノウハウが必要とされてきたが，1990年代に婚礼媒体誌が多く出版され，カップルが自身で挙式・披露宴の会場を探す環境が整ってきた。そこで，高額な利用金額の割に画一化されたホテルウエディングへのアンチテーゼとして，空間のデザイン性に富み，因習にとらわれないサービスを付帯して登場した「ハウスウエディング」の台頭や，婚礼スタイルの自由化ともいえる多様な志向が認知され，レストランウエディング・海外挙式・リゾート挙式などの増加が原因となり，ホテルでの婚礼は減少していった。

　また，少子化による適齢人口の減少，社会構造の変化による披露宴自体をしない「ナシ婚」の増加なども，婚礼が減少している大きな要因である。

　そして，景気低迷により企業宴会が縮小する一方，MICE案件や個衆会合は増加の傾向がある。元来，ホテルの宴会は，婚礼や長寿の祝い，誕生会などを除き，BtoBを主として営業活動をしてきた。このうち季節性の宴会としては，新年賀詞交換会，新年会，入社式，歓送迎会，企業・各種団体の総会，暑気払い，忘年会などが挙げられる。その他に展示会，商品発表会，百貨店の特売，

周年事業などの利用もある。バブル景気の際は，著名な歌手のディナーショーやインセンティブパーティーなど大規模な宴会が開催されていた。その後，景気の低迷により企業宴会の減少，阪神大震災・リーマンショック，東日本大震災などの自然災害の勃発による自粛や宴会の規模の縮小に見舞われた。

　しかし，近年では海外MICEの案件が増加してきたことにより，一般宴会も回復傾向にあった。また，高齢者人口の増加によりホテルの宴会場を使用しての同窓会なども増加傾向にある。

　さらに，空室の賃貸オフィスビルを貸し会議室に転用し，ホテルにはない自由度や付加価値がありながら比較的安価な価格で時間貸しをする新たなビジネスの台頭により，比較的小規模な会議の受注件数が減少している。

　加えて，国際団体・産業団体・学会などの国際会議や文化・スポーツイベント・展示会・見本市などの誘致に際しては，都市間での競合が高まり，全国に分散化している。このため，既存施設では売上への悪影響が無視できない。

（5）宴会部門の改善点と今後の展開

　これまでの宴会ビジネスを概観すると，婚礼と一般宴会，あるいはB to BとB to Cとを適宜組み合わせた需要創造をすることが，今後も重要になってくると思われる。特にホテルは，こうした多様な需要にも応えうるノウハウを持っているため，強みを活かすことにもつながっていくことになる。

　一方で，外注化を進めて需要の繁閑に対応する仕組を作ってはきたものの，それでも調理を中心に，なお改善の余地はあると考えられる。例えば，宿泊部門において取り入れられているレベニュー・マネジメントの応用による需要側への対応や，料飲部門との連携強化，調理の外注化など供給側の対応は，今後さらに求められてくることになる。

　また，新型コロナウィルスによって需要は激減したが，今後は新しいスタイルの宴会を創造するなど，ビジネスモデルそのものの変革も必要となろう。人間は，命をかけてでも節目ごとの儀式・儀礼をしてきた。そのため，こういった儀式・儀礼がこのまま消え去るとは考えられず，力量が問われることになる。

　一方で，多様な需要に応えられる宿泊施設としては，儀式や儀礼において利用してくれたお客様は，長い目で見ると施設の生涯顧客となる可能性が高い。

特に婚礼で，一生に一度の記念日を過ごした施設に愛着を持つ新郎新婦は多い。そのため，ホテルには婚礼利用者のみが会員となることができる特別な会員組織を有するケースも多い。帝国ホテルの「インペリアルクラブグレース」，ホテルニューオータニの「ニューオータニクラブＷ」，プリンスホテルグループの「菊花会」が代表的である。

　「婚礼」を獲得するための大きな理由となっているのが「顧客創出」ともいわれている。多くの施設にとって次世代顧客の獲得が大きな課題となっているが，その中でも宴会部門は大きな役割を担っているともいえるだろう。

5．その他の部門

　昨今の宿泊産業界では，以上で説明してきたような宿泊，料飲，宴会の各部門の他にも，「癒し」に関する要素が注目されるようになってきている。癒しとは，エステやスパといった，リラクゼーションに関係する要素である。

　2012（平成24）年にリニューアル・オープンしたパレスホテルには，日本初登場の「エヴィアン・スパ」が入ったことで話題となった。また，「バンヤンツリー」はスパの評判で一大リゾートチェーンを築いたともいわれている。

写真２－９　パレスホテル東京のエヴィアンスパ・トリートメントルーム

　こうした癒しの要素については，ホテルよりも旅館において，より注目されるべきである。旅館は本来的にはリゾートであるわけだから，癒しの要素をうまく活用することで，一層のリラクゼーションを実現することが可能となる。また，客単価の上昇につながっていくこともある。温泉といえばマッサージを

利用する人も多かったが，これはどちらかというと男性客向けのまさに「マッサージ」であった。先進的な旅館では，最近はむしろ女性客向けの癒しのスペースとして，エステやスパが用意される傾向にある。

　さらに，事業者によってはオフィスフロアも併設し，不動産賃貸業を兼業している場合もある。帝国ホテルのインペリアルタワー，パレスホテルのパレスビル，ニューオータニのガーデンコートなどが該当する。近年の宿泊事業者は，不動産業者との境界が曖昧になってきつつあるともいわれるが，実際には意外と歴史があることは記憶に留めておきたい。

6．管理部門

　施設内の従業員の総合窓口業務に当たる部署が「総務部」，「人事部」もしくは「総務・人事部」である。またこの部署以外にも宿泊施設の内部を管理する部署が多く存在し，これらをまとめて「管理部門（バック・オフィス）」と呼ぶ。ここでは主だった部署の解説をしていく。

（1）業務特性
　宿泊施設そのものが「安心」「安全」「公平」「公正」「適正」であること，またそのための管理，維持，継続が明白であることを公開するいわゆる透明性を必須とする。その宿泊施設がお客様はもちろん，社会的に信用・信頼され続けるために管理・運営を行うと共に，さまざまな法律に基づいた運営をしなければならない。

（2）業務内容
　宿泊施設に限らず，企業における管理部門の業務は，経営の4大要素である人（Manpower）・物（Material）・金（Money）・情報（Information）を各部門で統括管理することであり，宿泊施設として要求される品質（Quality）・適正価格（Cost Performance）・供給（Delivery）ができるための礎となる。主な実務内容は以下のとおりである。

　総務部は，企業活動を維持するために必要な宿泊施設内すべての事務業務を担当する。各部門が円滑かつ効率よく業務遂行ができるよう，オフィス機器，

情報システム，公印や記録文書などの保管等の管理を行う。また関係省庁との渉外や，企業活動に関連する法的手続き，企業統治としてのガバナンス業務，施設内のリスクマネジメント業務など，総務部が扱う業務の幅は広い。

人事部は，施設で働く「人」に関する業務を扱う部署である。特にホテル業においては人材こそが重要な因子であり，優秀な人材の確保と教育という大きな責務を担っている。近年では外国人雇用も増加傾向にあり，雇用・労働に関する労務管理，ハラスメント対策，文化・民俗に合わせた労働環境の構築など，国際社会に対応した労働環境の構築をも行う。

施設管理部門では，建物の内外装，客室，レストラン，宴会場，バック・オフィスに至るまで，すべてが機能的にも衛生的にも安全・安心・快適を提供でき機能するよう常に細心の注意を払い，完璧な状態にしておくことが最優先事項となる。近年では，省エネルギーとリサイクル推進，環境問題への配慮といった国際社会からの要請に対応すべく，修理・修繕，維持管理は重要な業務である。あわせて「ノーマライゼーション」，「バリアフリー」，「ユニバーサルデザイン」など，高齢化社会を迎え高齢者，障がい者が利用しやすい「優しいホテル作り」に向けた社会的要請に応えていく基本ともなる。

経理・会計部門の業務は，大きくは財務会計と管理会計とで構成される。宿泊施設は複数の部門から構成されているため，全体としての管理が難しい。よって，各部門で損益計算を行い，経理部門への報告を上げる（部門別管理）。財務会計ではそれら各部門からの損益計算報告と法律に基づいた経営成績や財務状況の算出，保管と報告を行う業務を担っている。また経営活動の中で，損益計算から経営分析を行い，独自で設定した予算や原価管理を用いて収支目標への到達予測に向けた会計が管理会計となる。

（3）管理部門のまとめ

経営の4大要素となる「人」，「物」，「金」，「情報」に関する重要性を理解し，一過的ではなく，永続的な対処・対応が求められるとともに，関連法に関する理解が必要である。また，宿泊施設を取り巻く経営環境やグローバル・スタンダードの導入など経営の視点も変化してきているため，「縁の下の力持ち」としての重要な役割であることを認識し，使命感を持って従事することが求められている。

主要参考文献

Brillat-Savarin, et Jean-Anthelme（1825）*La Physiologie du goût*, reed., Champs Flammarion（1982）.

Carême, Antonin（1835）*L'art du la cuisine française au XIXe siécle*, Paris.

Lynn van Der Wagen & Anne Goonetilleke（2008）*Hospitality Management Strategy and Operations*, Pearson Education Australia.

Poulain, Jean-Pierre and Edmond Neirinck（2004）*HISTOIRE DE LA CUISINE ET DES CUISINIERS*, Delagrave édition.（山内秀文訳（2005）『プロのためのフランス料理の歴史』学習研究社）

Vence, Céline et Robert Courtine（1972）*Les Grands Maîtres de la Cuisine Française, Du Moyan Age à Alexandre Dumas, les meilleurs recettes de cinq siècles de tradition gastronomique*, Bordas.

Vivienne O'shannessy & Dean Minett（2003）*The Road to Hospitality Skills for New professional*, Pearson Education Australia.

小野田正美（1994）『ホテルの宴会戦略』柴田書店。

グレッグ・デントン，ロリ・E・ローリー，A・J・シン編，丸山裕・庄司貴行訳（2014）『ホテルアセットマネジメント』立教大学出版会。

作古貞義（1988）『ホテル運営管理論—開業計画編』柴田書店。

多田鐵之助（1954）『蕎麦漫筆』現代思潮社。

辻静雄（1971）『LE RÉPERTOIRE DE LA CUISINE —フランス料理総覧—』三洋出版貿易。

帝国ホテル編（1990）『帝国ホテル百年の歩み』帝国ホテル。

徳江順一郎編著，長谷川惠一・吉岡勉著（2014）『数字でとらえるホスピタリティ　会計＆ファイナンス』産業能率大学出版部。

21 世紀研究会（2004）『食の世界地図』文藝春秋。

日本ホテル教育センター（2017）『ホテルビジネス』一般財団法人日本ホテル教育センター。

日本ホテル研究会（1991）『最新ホテル用語辞典』柴田書店。

フィリップ・コトラー（1997）『ホスピタリティと観光のマーケティング』東海大学出版会。

村上信夫（2004）『帝国ホテル 厨房物語』日本経済新聞社。

（植松 大介，杉浦 康広，徳江 順一郎）

第3章　宿泊産業のマーケティング

1．マーケティング論のポイント

（1）マーケティングの定義

　マーケティングとは，簡潔に一言で「売る仕組み」とよく表現される。製品や価格および流通経路から広告・宣伝など，製品・サービスを提供するための多様な仕組みを作るといった観点では，確かに「売る仕組み」で間違いはない。しかし，定義を眺めると，そう単純なものではないことがみえてくる。

　日本マーケティング協会（JMA）におけるマーケティングの定義は，以下のようになっている。

> 　マーケティングとは，企業および他の組織がグローバルな視野に立ち，顧客との相互理解を得ながら，公正な競争を通じて行う市場創造のための総合的活動である。（原文ママ）

出典：日本マーケティング協会 Web サイト（2020 年 7 月 18 日閲覧）。

　この定義は，1990 年にアメリカマーケティング協会（AMA）でなされた過去の定義をもとに制定され，広い視野と顧客との相互理解を得ながら市場を創ることが主眼となっている。一方，この定義が制定された 17 年後の 2007 年には，基準となった AMA が新たに以下のような定義を制定している。

> Marketing is the activity, set of institutions and processes for creating, communicating, delivering and exchanging offerings that have value for customers, clients, partners, and society at large.

出典：アメリカマーケティング協会 Web サイト（2020 年 7 月 18 日閲覧）。

　この定義を翻訳すると，「マーケティングとは，顧客，クライアント，パー

トナー，および社会全体に価値のある製品を作成，伝達，提供，交換するための活動，一連の制度およびプロセスである。」となり，対象が社会全体に拡大していることがわかる。

　AMA は，1935 年から 2007 年にかけて複数回，定義を改訂しており，その変遷は以下の通りである。

1935 年：生産地点から消費地点までの商品の流れ

1948／60 年：生産者から消費者への財の流れ

1985 年：マーケティングの 4P

2004 年：ステークホルダー，CRM，顧客に対する価値の提供

2007 年：社会全体に価値ある製品の提供

　このように，AMA は時代の状況の変化や新たな手法の出現に合わせて定義を改訂している。このことから，変化を続けている市場において，その環境に合わせた対応が必要であるということがわかる。

　マーケティングは，英語で表記すると Marketing であり，Market（市場）＋Ing（現在進行形）の組み合わせである。「名は体を表す」というように，市場は常に動き続けていることが理解できよう。

（2）マーケティング・コンセプト

　マーケティングは，定義から市場や環境に合わせた対応が必要であることが把握できた。その環境に合わせた対応とは，マーケティング・コンセプトにその内容が示されている。マーケティング・コンセプトは，著者によって多様な表現がなされるが，本書では，以下の 4 つのコンセプトで説明する。

図表 3 － 1　マーケティング・コンセプト

コンセプト	内　　　　容	市　　場
生産志向	シーズに基づく製品（サービス）の提供	需要＞供給
販売志向	大量生産 → 大量消費	需要＜供給
顧客志向	ニーズに合わせた製品（サービス）提供	需要≦供給
社会志向	社会に認められる製品（サービス）の提供	

（以下，本章内の図表は特記以外著者作成）

　このコンセプトについては，戦後のわが国の状況に合わせるとわかりやすい。戦後の混乱期は生産体制が追いつかず，とりあえず売るモノを作ることが重要で，シーズ志向にならざるをえなかった。その後，生産体制が整い大量生産が実現すると，大量に消費することも可能となるため，次はどのように販売するのかが重要になってくる。大量生産でモノが溢れだすと，顧客のニーズを重視し売れるモノを作ることを志向することになった。現在では，社会のさまざまな状況に合わせた志向に変わってきており，例えば，食品廃棄をなくすため，予約注文のみで生産を制限するような事象も見受けられる。

（3）マーケティング環境

　マーケティングは，状況の変化に合わせた対応が必要であるが，そのためにはまず，自社が置かれている現状および周囲の環境を把握することが求められる。その環境を把握するための分析手法について触れておきたい。

図表3－2　SWOT分析

	＋（プラス）要素	－（マイナス）要素
内部環境	Strength（強み） ・経営資源，・プロダクト ・技術力，・その他	Weakness（弱み） 強みに同じ
外部環境	Opportunities（機会） ・PEST（政治・経済・社会・技術） ・競合他社，・その他	Threats（脅威） 機会に同じ

　SWOT分析は，プラス要素の強みと機会，マイナス要素の弱みと脅威について，ミクロとマクロの環境を分析し，現状を把握するために用いられる。

　現状を把握した後は，各要素をつなぎ合わせて新たな企画や問題解決につなげていく。宿泊産業の例では，強み（例：客室数が多い・大型の宴会場がある・商業施設が併設）と機会（例：IR法の成立）を組み合わせ，MICEに特化した戦略を志向するといった対応を考えることができるようになる。

　マーケティング論のポイントは，状況変化をどのように把握し，その変化に合わせてどのように対応するかである。変化する市場で，競合に先んじて新たな対応をできることが，自社の成長につながっていくのである。

2．STP

（1）セグメンテーション（Segmentation）

　現代の市場においては，市場を細分化し，そのセグメントごとに対応することが基本となっている。これは，市場全体に対応するマス・マーケティングでは，多量の経営資源を必要とすることや顧客のニーズの多様化により，マス・マーケティングでは効率が悪いことが理由となっている。

　セグメンテーションの基本的な考え方は図表3－3の通りであり，セグメントを分ける場合は図表3－4の変数を基準に行う。

図表3－3　セグメンテーションの考え方

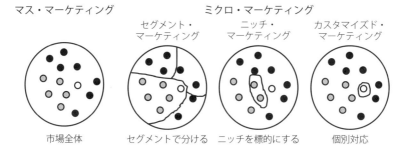

出典：恩蔵（2019）pp.34-36をもとに著者作成。

図表3－4　セグメンテーションの基準

変数名	主な変数	例
地理的変数 （ジオグラフィック）	人口（密度）	都市・郊外・地方
	地域（行政区分等）	関東・九州（東京・福岡）
	気候	気温・雨量（降雪量）
人口動態変数 （デモグラフィック）	年令（世代）	学生・若年層・年金世代
	性別	男・女・LGBT
	家族構成	大家族・単身・夫婦
心理変数 （サイコグラフィック）	性格	イノベーター ⇔ アーリーマジョリティー
	趣味	旅行・鉄道・航空・アニメ
	ライフスタイル	高級志向・庶民志向・計画・自由
行動変数	ロイヤルティ	ヘビー・ミドル・ライト
	購買頻度	リピート率・新規 ⇔ 既存
	利用機会	日常⇔非日常

図表3－5　心理変数によるセグメンテーション：訪日外国人における旅行形態

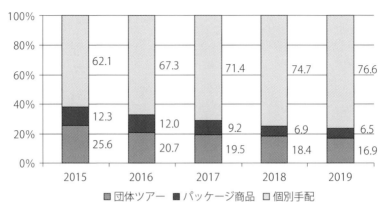

出典：観光庁（2016）（2017）（2018）（2019）（2020a）をもとに著者作成。

　セグメントの例を，図表3－5のデータを基に心理変数で考えてみる。

　訪日外国人の旅行形態は，この5年間で個別手配の比率が伸びてきており，添乗員の付いたツアーや旅行代理店が考案したパッケージ商品よりも，自分で自由に旅行をする人たちが多くなっていることがわかる。

　このような変数を使っても1つのセグメントとして成立することがいえるだろう。ちなみに，日本国内の旅行形態も観光庁（2020b）によると約89％が個別手配となっている。

（2）ターゲティング（Targeting）

　セグメンテーションができたところで，次はその市場を評価しどの市場に対してマーケティングを行うか，すなわち標的市場を定めることがターゲティングである。図表3－6に3つの基本の型をまとめた。

　この中で新規事業展開をする場合は，集中型が多く利用される。これは，経営資源を集中して1つのセグメントへ投入できるため，効率もよく少ない経営資源でも対応できるメリットによる。しかし，1つのセグメントに集中しているだけでは，その対象とした市場が停滞もしくは破綻したり，当該市場で他社に敗北したりするという大きなリスクがある。

　例えば，アクティブシニアを標的市場にしている場合，少しでも年金が下がってしまうとネガティブな反応から売上が下がることが予測される。これが，

図表３－６　ターゲティングにおける３類型

マーケティング種別			特徴
無差別型	経営資源 → 市場		・市場セグメントを無視 ・ニーズの共通点に注目 ・多様化が進んでいる現代の市場では困難
差別化型	経営資源A → セグメントa 経営資源B → セグメントb 経営資源C → セグメントc		・セグメントごとに対応 ・各セグメントに対応するため効率が悪い ・コスト高
集中型	経営資源 →	セグメントa セグメントb セグメントc	・一つもしくは少数のセグメントを選択 ・経営資源を集中させるため効率が良い ・対象の市場が不振になると共倒れ

出典：恩蔵（2019）pp.39-41 をもとに著者作成。

もし１つのセグメントだけであれば，立ちどころに影響を受けてしまう。集中型から差別化型へ移行できれば，別のセグメントでは影響は少なくなる可能性があるためリスク回避ができる。

（３）ポジショニング（Positioning）

　ポジショニングは，まず製品やサービスのカテゴリーを決定し，その製品やサービスの重要な評価軸を設定する。その評価軸上で市場の構造分析を行い自社のポジショニングを決定する。

　図表３－７の例で考えてみると，評価軸を，ｘ軸は客室の質である豪華とシンプルとし，ｙ軸には価格を取り，構造分析を実施している。この例の場合は，

図表３－７　ポジショニングマップの例

出典：著者作成。

高価格でシンプルなホテルおよび低価格で豪華なホテルのポジションが空いており，そこがポジショニングスペースとなる。

　宿泊産業のような成長がひと段落している市場においては，なかなかポジショニング上の空きスペースを見出すことは困難であろう。しかし，あくまで例とはいえ，高価格×シンプルなポジショニングには，アンダーズや ACE Hotel などの，いわゆる「ライフスタイル・ホテル」が近年進出してきている。

　ポジショニングとは，競合他社との差別化を図るとともに，競合がいないポジションで高シェアを獲得するためのものである。市場が成熟化してしまうとポジショニングスペースが狭くなってしまい，競合他社と似たようなサービスが増え，結局，価格競争の様相を呈してしまう。ポジショニングをしっかり決めてしまえば，競合他社が出店してくるまでは高シェアを獲得でき，しかも先行者優位も手に入れることができる。成熟化市場でのポジショニングにおいては，スキマを見つけたり，新しい評価軸を見出すことが重要となる。

３．マーケティング・ミックス戦略

（１）プロダクト（Product）
　宿泊産業において提供されるプロダクトは，以下に示す通り４つのカテゴリーに分けられる。

客　室：スイート・和室・カプセルなど
料　飲：レストラン・カフェ・バーなど
宴　会：会議・結婚式・展示会など
その他：温泉・エステ・ショッピングなど

　この４つのカテゴリーを横串で刺したような組み合わせによって，差別化された自社独自の企画として１つのサービスを提供している。

　提供される企画としてよく見られるのが，自社の客室・料飲・その他（温泉等）を組み合わせた１泊２食付きプランである。もちろん，各社の経営資源は異なるため，すべて同じではないものの，以前から見かける基本的なプランの１つである。

そのプランであるが，プロダクトとして考えるとシーズ志向になってはいないだろうか。前項でも述べたが，旅行形態を見てもわかるように，個別手配が国内で約89％，訪日外国人でも約77％であり，その割合は年々増加傾向にある。これはプランにあてはめたものではなく，自由に旅行しようとする顧客の需要があるのではないかと考える。

　宿泊地の周囲に何もないような場所ならともかく，近くにおいしい料理店があるとなれば，宿泊のみでその料理店で食事をするといった希望もあることが予測されるのではないだろうか。また，多様化した欲求の一例として，コンテンツ・ツーリズムにおいても１泊２食の必要性があるのか考えさせられることがある。特に，アニメの聖地巡礼といわれる所縁のある土地に出かけてさまざまな体験をするような旅行であれば，宿泊よりも聖地巡礼がメインであるため，所縁のある飲食店などがあれば，そこで飲食することが最大の目的になるからである。

　これまでプロダクトについては，顧客を「おもてなし」するため，自社の経営資源をフル活用した企画がメインではなかっただろうか。しかし，顧客にとっては必要がないサービスもあったのではないだろうか。

　顧客の欲求はますます多様化へと向かっている。そのことを考えた場合，自社の経営資源をフル活用しない企画を１つのプロダクトとして提供することも今後検討する必要があるのではないかと考える。

（2）プライス（Price）

　価格については，基本的な決定要素として「コスト・需要・競合・消費者心理」の４つが挙げられる。コストが安ければ価格を抑えられ，需要が多ければ価格を高めにして利益率を上げることができる。しかし，競合がいると価格競争が起こってしまうため，価格を変動させる必要が出てくる。

　通常の製品の場合は，在庫として一定期間の保管が利くため，大量生産でコストを下げるような企業努力も可能であるが，装置産業と呼ばれる宿泊産業では，客室は常に固定費がかかり，空いている部屋はすべて損失となってしまうのである。これは，鉄道や航空などの交通系産業や映画館や野球場などのエンターテインメント産業も同じである。

　さらに，価格は品質のバロメーターともなることがある点にも留意が必要と

なる。事前に品質を判断しうる探索財とは異なり，サービスは経験してみないと品質がわからない経験財である。このような場合には，消費者は価格から品質を推測する可能性も生じることになる。

　こうした状況下では，消費者心理に配慮しつつ，客室売上と稼働率を上げることが利益への近道である。そこで，昨今導入されてきているのがレベニュー・マネジメントである。概要は図表3－8の通りである。

図表3－8　レベニュー・マネジメントの概要

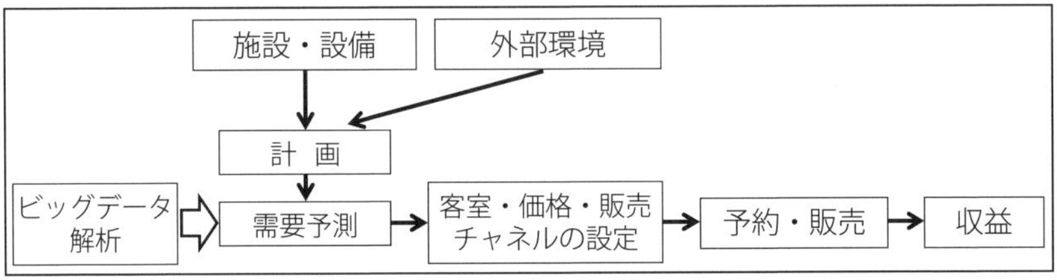

出典：著者作成。

　レベニュー・マネジメントとは，需要に応じて価格を変動させて客室売上と稼働率を上げるためのマネジメント手法である。

　このレベニュー・マネジメントで重要な要素が需要予測になる。この予測が間違ってしまうと客室および価格設定にも影響が出てしまい，客室売上と稼働率ともに上げることができない可能性が生じてくる。

　その需要予測の鍵を握るのがビッグデータ解析だろう。ビッグデータとは，その名の通り大量のデータのことを指すが，いろいろな種類のデータやそのデータの発生頻度など多種にわたる。このビッグデータ解析は現在では製品などの需要予測にも使われており，この解析を利用して需要予測の精度を上げることが，レベニュー・マネジメントの成功につながることになる。

（3）プレイス（Place）

　プレイスは，サービスを提供する場所や（サービス利用権の）流通経路のことを指す。宿泊産業では，業態によってサービスを提供する場所が大きく異なる。図表3－9では，業態による比較を簡単にまとめてみた。

　ホテルや温泉旅館への宿泊は，日常の場所を離れて非日常的な空間での活動

図表3－9　プレイスの業態による比較

業　態	場　所	流通（利用権）
ホテル	ニーズに合わせた自由な立地 （動線・人口（都市）・競合他社）	・自社予約 ・リアルエージェント 　（旅行代理店） ・OTA
温泉旅館	シーズ（温泉・地産品）を活かすための立地	

　になる。そのため，顧客の要望としてはいかに非日常を満喫できるのかがポイントになってくるだろう。こうした前提において，顧客が日常を想起させるようなサービスを提供された場合どう感じるだろうか。遠く離れた場所にまで来て，日常と食べているものと同じような料理を提供されても顧客の満足を得るのは困難だろう。ましてやリピートすることも叶わなくなってしまう。

　シーズである温泉や地産品は，その場所でしか提供できない強みでもある。その強みを活かしてこそのサービスを提供することが，場所としての利点を活かせることにもなる。

　流通に関しては，あくまでも宿泊する権利を買うための経路ということになるが，近年ではOTAはもちろんのこと，自社予約やリアルエージェントもほぼインターネットのWebサイトを利用した流通経路になっている。そのため，流通のためだけでなく，プロモーションの要素も含んでいることをよく認識する必要がある。

（4）プロモーション（Promotion）

　これまでのプロモーションは，以下に示す4つのカテゴリーで行われてきた。

　マスメディアを通じた広告（TVCM・チラシなど），販売促進（試供品・イベントなど），無料で広告効果が得られるパブリシティ（番組収録・雑誌掲載など）そして，人的販売（セールス・店頭販売など）である。

　現在ではIT技術の進歩により，インターネットが普及したことで，情報の拡散が速くなったことはいうまでもなく，4つのカテゴリーすべてでインターネットを通じたプロモーションが展開されている。

　インターネットの普及で大きく変化したことは，情報を受けるだけでなく顧客1人1人が情報を発信できるようになり，口コミも今までは周囲の人物だけ

図表 3 - 10 ネット時代のプロモーション

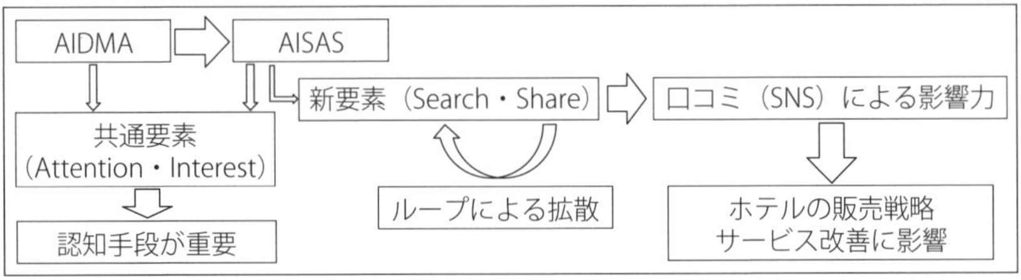

出典：著者作成。

に影響していたものが，全世界に展開できるようになり影響力が大きくなったことだろう。

　この拡散が速く，影響力が大きいという 2 つの要素によって，プロモーションの流れも変化してきている。

　図表 3 - 10 のように，インターネットの普及によって，消費者の購買モデルも AIDMA（Attention・Interest・Desire・Memory・Action）から AISAS（Attention・Interest・Search・Action・Share）に変わったといわれている。

　AIDMA と AISAS とを比較してみると，新要素として Search と Share が追加されている。情報を発信できるようになったため，経験したサービスを顧客が SNS 等を利用して発信し，その情報が次にそのサービスを受けようとして検索している顧客に拡散し，それがループすることで口コミが大きな影響力を及ぼす形になってきている。

　また，植竹・青木（2017）では，口コミによるレピュテーションがレベニュー・マネジメントに影響を及ぼしていることは明らかになっていないとしているものの，ホテルの販売戦略やサービスの改善には影響を及ぼしていることは明らかになったとしている。

　新要素もさることながら，これまでと同じく共通要素にも注目したい。Attention・Interest いわゆる注意と関心の部分については，新旧変わらず要素として活用されており，検索をかけるにしてもまずは認知してもらうことが重要であり，その認知手段についてはこれまで同様に考えていく必要があるだろう。

主要参考文献

植竹朋文・青木章通（2017）「ホテルにおけるレベニューマネジメントにレピュテーションが及ぼす影響―インタビュー調査に基づく検討―」『専修マネジメントジャーナル7』(1)，2017.07，pp.15-25.

恩蔵直人（2019）『マーケティング＜第2版＞』日本経済新聞出版社。

観光庁（2016）『訪日外国人の消費動向　訪日外国人消費動向調査結果及び分析　2015年　年次報告書』。

観光庁（2017）『訪日外国人の消費動向　訪日外国人消費動向調査結果及び分析　2016年　年次報告書』。

観光庁（2018）『訪日外国人の消費動向　訪日外国人消費動向調査結果及び分析　2017年　年次報告書』。

観光庁（2019）『訪日外国人の消費動向　訪日外国人消費動向調査結果及び分析　2018年　年次報告書』。

観光庁（2020a）『訪日外国人の消費動向　訪日外国人消費動向調査結果及び分析　2019年　年次報告書』。

観光庁（2020b）『2019年旅行・観光消費動向調査　年報』。

アメリカマーケティング協会：https://www.ama.org/（2020年7月18日閲覧）。

日本マーケティング協会：https://www.jma2-jp.org/（2020年7月18日閲覧）。

観光庁：https://www.mlit.go.jp/kankocho/（2020年7月18日閲覧）。

（田上　衛）

第4章 宿泊産業を取り巻く政策・法規

1. 宿泊産業にかかわる政策

　宿泊産業の趨勢は時々の観光政策によって大きく左右される。主だった政策の転換点を整理したい。

(1) 黎明期の観光政策

　近代における観光政策のルーツは1912 (明治45) 年，外国人観光客誘客促進を目的として創立された「ジャパン・ツーリスト・ビューロー」(JTBの前身)にみることができる。任意団体ではあるが，鉄道院が深くかかわり宿泊施設と連携した観光地開発と誘導を行った点では，国家が関与した外貨獲得を目的とした観光政策と位置づけることができよう。

(2) 戦後期の観光政策

　1949 (昭和24) 年に制定された「国際観光ホテル整備法」(詳しくは後述) も外貨獲得政策を反映したものであったが，外客にも対応可能な施設整備の基準を示し，税制優遇とセットで登録制度を実施したことにより，現在においてもホテル旅館の品質基準を定義するものとなった。設備だけではなく接遇レベルの向上や海外への情報提供も本法の範疇に含まれていることから，その後に続く「おもてなし」発信の原点と定義することもできる。

　また，1963 (昭和38) 年「観光基本法」(観光立国推進基本法の前身) において，外貨獲得目的だけではなく，国民の保健レベル，勤労意欲の増進，教養の向上，国民経済の発展，地域格差の是正などが明示され，観光政策が再定義された。これにより，国および地方公共団体の役割，旅行者の保護や観光施設の整備，観光行政組織や関係団体の整備などが進み，現在の官民にわたる観光業界の構図がおおよそ形づくられた。

（3）バブル期の地方観光政策

　1987（昭和62）年，バブル景気のスタート期に合わせ，「総合保養地域整備法」，いわゆる「リゾート法」による地方開発が始まった。都道府県が策定し国の承認を受けた計画に基づき整備されるリゾート開発計画に対し，民間事業者への減税，地方自治体の起債許可などの措置がとられた。

　国民の健康維持増進，地域の資源を活用した地域振興策を目的に，総務大臣，農林水産大臣，経済産業大臣および国土交通大臣が担当するという大規模な観光政策が示されたことで，トマムリゾート，各地グリーンピアを代表に2,000以上の施設が事業化されたが，結果的に施設や計画自体の破綻も相次ぎ，残った施設もその多くが見直しを迫られる結果となった。それまでに存在していた宿泊施設も大資本の参入により需給バランスが崩れ，価格の低迷や多くの廃業を生む結果となった。バブル崩壊後の観光需要の低迷の元凶であるとの評価もあり，功罪含めた検証が必要であろう。

（4）「観光立国」により加速した観光政策

　2003（平成15）年，小泉内閣において「観光立国懇談会」における「住んでよし，訪れてよしの国づくり」のコンセプトを基礎に2006（平成18）年，「観光を21世紀における日本の重要な政策の柱として位置づけ，魅力ある観光地づくりと国際・国内観光の振興を推進すること等を通じて観光立国を実現する」目的の「観光立国推進基本法」が成立した。

　それに伴い観光立国推進基本計画が示され（その後2回にわたり改正），観光庁が設置されるに至った（2008（平成20）年）。観光政策が国策のメインストリームとして注目されるようになり，最新（2017（平成29）年）の観光立国推進基本計画中の記述も「観光が日本経済をけん引し，地域を再生する」として，「観光産業をわが国の基幹産業へと成長させていく」，「付加価値が高く国際競争力のある生産性の高い観光産業へと変革していく」などの一歩踏み込んだ内容となった。基本計画に沿った形で，観光圏，日本版DMOなどの新しい概念も生まれ，観光政策は今後もますます変容していくものと思われる。

2．宿泊産業を取り巻く法

　宿泊施設は，旅館業法と国際観光ホテル整備法，そして住宅宿泊事業法で規定されている。

　旅館業法は 1948（昭和 23）年に施行され，当初は

　・宿泊施設とは何かを定義づけ分類し
　・それぞれの最低限の施設やサービスを定める

ことに主眼が置かれていた。

　国際観光ホテル整備法は，旅館業法施行の翌年，1949（昭和 24）年に施行された。施行当初は，海外からの来訪者が安心して泊まれる施設に対して，政府が「お墨つき」を与えて明示することが主たる目的であった。

　住宅宿泊事業法は，多様化する宿泊需要への対応として急速に普及しつつあった民泊に対応すべく，2018（平成 30）年に施行された。

　ここで興味深いのは，「旅館」業法には「ホテル」も含まれており，逆に，国際観光「ホテル」整備法には「旅館」も含まれていることである。以下，それぞれについて簡単に考察していく。

（1）旅館業法

　まず，2018 年に大幅に改正された旅館業法を概観する。同法第 2 条において，宿泊施設はすべて「旅館業」と称されつつ，以下の 3 つに分けられている。

　①旅館・ホテル，②簡易宿所，③下宿

　下宿は，主として長期間（月単位）の利用を想定している。また，簡易宿所は，宿泊する場所を主として多人数で共用する施設であり，具体的には山小屋やユースホステル，あるいは一部のカプセルホテルなどが該当する。

　これに対して，旅館とホテルはともに，主として短期間（通常は日を単位とする），宿泊または宿泊と食事を利用客に提供する施設である。改正前，前者は，「和式の構造および設備」を主とし，後者は，「洋式の構造および設備」を主とする宿泊施設と定められていて，この点が旅館とホテルとでは異なっていた。

設備基準は，旅館業法施行令に定められている。これも，旅館業法の改正にともない改正された。

　洋式の構造および設備を主とする施設とは，客室内の調度および寝具設備，つまり，ソファーやベッドなどが洋式であるだけでなく，「宿泊の態様が洋風」であるような構造および設備を主とする施設を指していた。それもあって，例えば客室以外のロビーや食堂の設備などを備えることが洋式と認定されるための要件だった。そして，当然のことながら，客室内も靴を脱がないことが原則であった。

　また，和式の構造および設備による客室とは，客室と客室の間や客室と廊下の間が，ふすま，板戸，その他これらに類するものを用いて区画されている客室を指していた。食堂を持つ場合もあるが，各客室内で食事を摂ることが一般的に想定されていた。食後はテーブルを撤去したうえで，布団を敷いて寝るということになる。

　改正後は，「寝台を置く客室」として洋室を定義づけ，和室との相違点はその広さのみとなった。

（2）国際観光ホテル整備法

　次に，国際観光ホテル整備法とは，外国人客に対する接遇を充実し，国際観光の振興に寄与することを目的として 1949（昭和 24）年に制定された。詳細は国際観光ホテル整備法施行規則で規定され，旅館とホテルそれぞれの施設・設備の内容に加え，外国語（主に英語）による館内案内表記があること，外国語（主に英語）が話せる従業員を雇用すること，クレジットカードの利用が可能であることなど，サービス面の対応も求めている。かつては宿泊者に洋朝食が提供できることも規定されていた。

　1室あたりの専有面積は，旅館業法の規定より広くする必要があり，施設や設備においても外国人来訪者にとってより利便性の高いものを求めている。この法律に則ることで，「政府登録国際観光ホテル」または「政府登録国際観光旅館」と名乗ることができ，外国人来訪客にとって安心して泊まれる施設であると明示することが可能となる。

　ただし，現状では国際観光ホテル整備法と同法施行規則が定める広さや設備面さえも満たせない施設は，新規に開業しても市場に受け入れられるとは考え

られない。最低価格帯の施設でもこの程度は満たしているからである。あるいは逆に，各部屋に個別の露天風呂を備えているような高級旅館には，客室数が少ないことなどにより，基準を満たしきれないといった状況も生じている。

（3）住宅宿泊事業法

　本来は支払いを受けて客を宿泊させる場合には旅館業法による営業許可が必要であるが，特区民泊の認定を受けた場合か，住宅宿泊事業の届出をした場合には，旅館業法における営業許可を受ける必要がなくなった。

　同法によれば，住宅宿泊事業者は都道府県知事への届出が必要であり，衛生確保，騒音防止，苦情対応，宿泊者名簿の作成などが義務づけられる。年間営業日数は180日に制限されるが，条例によってさらに制限されることもある。

　他に，国土交通大臣に登録が必要な住宅宿泊管理業者と，観光庁長官に登録が必要な住宅宿泊仲介業者についても制度化された。前者は，住宅宿泊事業を代行する主体であり，後者は，いわゆるOTA（オンライン・トラベル・エージェント）のうち，住宅宿泊事業を代理，媒介，取次ぎをする主体である。ただし，旅行業法に基づく旅行業者以外が対象となる。一部の企業は，この事業を通じて急成長したことで話題となった。

　住宅宿泊事業は，IT技術の進歩とともに急速に広まった。そのため法整備が追いつかず，従前はグレーな位置づけであったが，それによる周辺環境悪化の防止や宿泊者の安全・安心の確保，旅館業法にしたがっている他業種との競争環境における不公平さなどが問題となり，同法が制定されるに至った。

（4）その他の法規

　宿泊施設は，営業するための建物が必要となるため，建築基準法にも規制される。

　旅館・ホテル営業と簡易宿所営業は特殊建築物となり，一般の住宅より厳しい建築基準が適用される。これに対して，下宿営業と民泊の場合には，建築基準が相対的に緩い一般建築物の扱いとなる。

　また，消防法でも同様の分け方がなされており，宿泊施設は防火対象物としての規制を受ける。これは，1ヶ月未満の期間を基本として宿泊料を徴収して利用者を宿泊させる場合，民泊も含めすべて宿泊施設という扱いとなり，下宿

以外はいずれも該当する。

　関連して，防火対策に関しては表示制度もあり，基準に適合している場合，最初の1年間は銀色の表示マークが，3年間継続して適合していると認められた場合には金色の表示マークが交付される。

　他にも，都市計画法，バリアフリー法，風俗営業等の規制及び業務の適正化等に関する法律，公衆浴場法，温泉法，食品衛生法，酒税法，クリーニング業法，駐車場法，理容師法・美容師法など，宿泊施設はさまざまな法規にしたがう必要がある。

（5）宿泊産業を取り巻く法のポイント

　宿泊産業を取り巻く法に関するポイントは2つある。

　まず，旅館業法に関して，法の制定当初は，いわば「マイナスをなくす」ために施行されたのに対して，国際観光ホテル整備法はいわば「プラスを保証する」ために施行されたという点である。2つの法を比較してみると，国内の利用客向けには最低限の施設整備を求めつつ，海外向けにはより利便性の高い施設を紹介していたことが理解できよう（図表4−1）。

図表4−1　両法の性格の相違

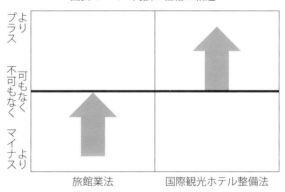

（以下，図表4−2とも著者作成）

　両法の施行当時，わが国の国力は疲弊しきっており，他の国々に経済力や生活水準なども劣っていた。しかし，わが国は世界でも有数の経済大国となり，むしろ海外で求められる以上のものがわが国では求められることになった。そ

のために，法の目的が実態にそぐわなくなってきてしまっている面も生じている。実際，インターネットカフェやマンガ喫茶が事実上の宿泊施設のように使われているのは，こうした法の限界も示す一例ととらえられる。

次に，「洋式」と「和式」とを峻別してきたのは，表面的には「構造および設備」であるが，実際には「宿泊の態様」が前提となっていた点である。かつてのわが国におけるほとんどの家庭は「生活の態様」が和風であった。すなわち，卓袱台を囲んで座布団に座って食事をし，布団を敷いてそこで寝ていた。そのため，過去には同様の「態様」でサービスを提供する旅館の需要が多かったことはうなずける。ところが，家庭生活において「生活の態様」が洋風にどんどん移行してきている昨今では，旅館はきわめて異質性の高い「宿泊の態様」となってきている。その前提に立つと，非日常性をより際立たせるような対応がない限り，消費者側からは「和式」に対する魅力が感じられないことになってしまう。これが旅館の軒数が減少している理由の1つでもある（図表4−2）。

図表4−2　生活の態様の変化と宿泊の態様の変化

	日　常		非日常	
かつて	生活の態様が和風	⇒	宿泊の態様が和風	旅　館
			宿泊の態様が洋風	ホテル
⇓	⇓	欲　求	⇓	
現　在	生活の態様が洋風	⇒	宿泊の態様が和風	旅　館
			宿泊の態様が洋風	ホテル

また，住宅宿泊事業という，旅館業法で規定する「宿泊業」以外の業態が出現してきた背景には，以下のような事実がある。

宿泊施設は，キャパシティに上限があるため（第1章参照），需要が増大した場合，価格を上げて需要を制御するしかない。そして，宿泊市場全体の価格が上がると，低価格の「代替財」が出現することにもつながる。ネットカフェやマンガ喫茶は，まさにそういった代替財として利用されるようになったということなのである。

実は，この状況は江戸時代から変わっていない。江戸時代の街道筋には宿場が置かれたが，そこには本陣，脇本陣，旅籠そして木賃宿の4種類の宿が存在

したことは周知の事実である。しかし，このうち木賃宿は，実際には宿泊施設ではなく，いわば「自炊設備付休憩施設」であった。木賃すなわち燃料代を払うことで，一定時間，一定のスペースを利用できたということである。

　この点からすれば，住宅宿泊事業とは，あくまで需要増大時の「バッファ」としての存在が前提となる。

　こうした民泊を含め，多様化しつつある宿泊施設に関しては，多くの法がかかわってくることは意識しておくべきである。

3．宿泊産業を取り巻く税制

（1）宿泊施設に関係する税金

　これには，消費者にかかわるものとしては消費税，酒税など，事業者にかかわるものとしては法人税，固定資産税などが挙げられる。いずれも，その改定によって宿泊産業には大きな影響が及ぶことになる。ただ，こうした税金はいずれも，宿泊施設以外の事業者でも同様に関係する。

　そこで，本項では，宿泊施設に対して特徴的に関係する税金として，入湯税と宿泊税について論じる。

（2）入湯税
①　入湯税とは

　入湯税とは，地方税法に定められた税金で，地方自治体（市町村）が課す税金の1つである。租税は国税と地方税に分類され，その地方税には，「都道府県税」と「市町村税」があり，入湯税は「市町村税」に含まれる。その入湯税は，地方税法で定められ，使途目的が決められている目的税であるので，「法定目的税」といわれる。この入湯税は，温泉旅館・温泉ホテル・日帰り温泉施設等で温泉を利用する宿泊者および日帰り入浴者に対して課せられる税金のことで，市町村の条例に基づいて施行されている。市町村は，この入湯税の税収により，後で述べる4つの使途目的の範囲で歳出されることになる。

　入湯税は，1950（昭和25）年に施行された税金だが，1878（明治11）年には，地方税規則において府県が課することができた「雑種税」という税金があり，その1つに「湯屋」も対象として掲げられていた。「湯屋」とは，現在の銭湯

に近いものだったが，温泉は含まれていなかった。「温泉施設」に雑種税が課されたのは，1927（昭和2）年からとなる。この「雑種税」は，営業税とともに課せられた地方税（府県税）の統一的な制度であって，営業税の課税対象とならない零細な事業所に課された税金のことであった。

② 入湯税の標準税率の推移

入湯税には，総務省で標準税率が決められており，1950（昭和25）年に施行されてから，1978（昭和53）年までに4回税率が変更されている。その標準税率の推移は，下表の通りである。

図表4－3 標準税率の推移

施行年度	1950(昭和25)年	1953(昭和28)年	1971(昭和46)年	1975(昭和50)年	1978(昭和53)年以降
標準税率	10円	20円	40円	100円	150円

出典：図表4－5まで著者作成。

入湯税の標準税率の変更は，次節で述べるような消防施設の整備にかかる費用の捻出部分やインフレによる税率調整，オイルショック後の物価の異常な高騰による調整等があると考えられている。しかし，1978（昭和53）年から一度も改定されていないのは，地方分権において，入湯税は地方自治体（市町村）の条例で変更することができるためである。また，2000（平成12）年4月の地方分権一括法による地方税改正により，新たに「法定外目的税」が創設された。地方自治体（市町村）が自由に裁量できる部分に，あえて法律を変更してまで改正する必要がないと考えられているからである。

③ 入湯税使途の変遷

現行1990（平成2）年以降の入湯税は，地方税法第701条の規定により下記の4項目の使途に充てるため課税するものとされている。

・環境衛生施設の整備
・鉱泉源の保護管理施設の整備
・消防施設その他消防活動に必要な施設の整備

・観光振興（観光施設の整備を含む）

　これらの使途目的は，一度に施行されたものではなく，その時代の環境に応じて段階的に加わっていった。そこで，4つの使途目的が加わった時代背景について説明する。

　まず1957（昭和32）年，地方税法改正により，「環境衛生施設その他観光施設の整備に要する費用に充てる」目的税となり，鉱泉所在地の観光施設整備の財源確保が図られた。その結果，現在の「環境衛生施設の整備」と「鉱泉源の保護管理施設の整備」が使用目的に加えられた。具体的には，「簡易水道及び上水道の整備」，「下水道の終末処理施設」，「温泉の排水の完全化による生活環境の浄化を図るための施設」等に使用されたと考えられる。

　その当時は市街地でも下水道の整備はほとんどされておらず，汚水は処理されることなく河川に流されていた。そのため，衛生面での対応が急がれていた。温泉地も例外でなく，都市部以上に衛生面の遅れが目立ち，誘客促進部分を含めて，現行の使途目的である「環境衛生施設の整備」に着手していかざるを得ない状況であった。

　次に1971（昭和46）年，課税目的に「消防施設の充実」が加わり，「消防施設その他消防活動に必要な施設の整備」が使途に追加された。これは，立て続けに起きた宿泊施設での大火災が要因である。

　この時期，温泉旅館・ホテルの需要増大により新館・別館の増設がなされた。その結果，避難誘導案内の不備が生じたり，増築により迷路状になったりしたことも含めて，複合的な原因が重なり合い，多数の犠牲者を出すことになった（図表4-4）。

図表4-4　1965（昭和40）年以降の温泉地の主な火災

出火年月日	温泉地名	事業所名	死者数	負傷者数
1966.3.11.	水上温泉	菊富士ホテル	30	29
1968.11.2.	有馬温泉	池之坊満月楼	30	44
1969.2.5.	常磐熱海温泉	磐光ホテル	30	29
1980.11.20.	川治温泉	川治プリンスホテル	45	22
1983.2.2.	蔵王温泉	蔵王観光ホテル	11	2
1986.2.11.	熱川温泉	大東館	24	0

　それを踏まえて，具体的には，「自衛消防組織の編成」，「消防ポンプ自動車の配備」，「防火水槽の配置」，「初期消火機材の購入」などが，入湯税の使途となった。その財源として，入湯税の標準税率は1971（昭和46）年に従来の20円から40円に引き上げられることになった。当時の月刊誌『近代消防』（1970年12月号）には，消防庁長官に就任した降矢敬義氏の対談から，近年の宿泊施設の大きな火災に鑑みて，一挙に温泉地の消防施設を完備するという新構想を打ち出した記事が掲載されている。このことからも，消防庁の意向が反映されていることがうかがえる。

　そして1971（昭和46）年，課税目的に「鉱泉源の保護，管理施設の整備」が追加された。これは温泉地の維持管理には重要な施策だが，遅れた理由は，日本列島では温泉は豊富に湧出し恵まれた状態であったからである。しかし，無秩序な開発や源泉の汲み上げが増えることによる水位の低下や枯渇等が深刻な問題になってきた。源泉の枯渇は，温泉地の廃業を意味するため，温泉地の湧出量に合わせた計画的な源泉管理が必要になってきた。石川（2018）には，「昭和45年（1970）度からは総湧出量を，自然湧出量と掘削自噴泉を合わせた自噴湧出量と，掘削後動力で汲み上げる動力揚湯泉の動力湧出量の二つに分けて示すが，この時期すでに動力揚湯湧出量が掘削自噴湧出量を上回り，差はそれ以降開く一方だ。」とある。その当時でも半数以上ある動力揚湯泉の温泉地では，温泉施設に源泉を計画的に送るように源泉集中管理タンクを設置して対応することになった。その設置費用の一部として入湯税収入を使用することになった。

　最後に1990（平成2）年，課税目的に「観光振興」が追加され，観光宣伝事業にも使途が拡大した。その結果，「観光の振興に要する費用」が使途目的に加えられた。その理由は，少子高齢化に伴う生産年齢人口（15歳以上65歳未満）の減少による住民税や固定資産税等の減少と高齢者増加による医療・福祉費の増大が市町村の財政を圧迫する一方で，訪日外国人旅行者が増加し，地方自治体は観光振興への歳出が増えてきたことにある。この状況が，入湯税に「観光の振興に要する費用」の拠出を求めることにつながっている。

　事例として，日本有数の温泉地を持つ，別府市と登別市の「入湯税使途費用構成比」を図表4－5に挙げておく。いずれも観光関連支出が高い。

図表4−5　入湯税使途費用構成比

区分（別府市）	構成比	区分（登別市）	構成比
衛生費（塵芥処理費）	6.8%	環境衛生施設の整備	0.6%
観光費（別府市観光みらい創造基金積立金）	36.6%	観光振興（観光施設の整備除く）	51.4%
観光費（観光客誘致事業）	22.3%	鉱泉源の保護管理施設	0.1%
観光費（温泉施設費）	15.4%	観光施設の整備	5.8%
消防費（消防施設費）	18.9%	観光開発基金積立金	42.1%
合計	100.0%	合計	100.0%
区分（別府市）	構成比	区分（登別市）	構成比

（注）別府市，登別市ともに令和3年度分。

④　入湯税の現状

2021（令和3）年1月現在，全国には1,718の市町村があるが，入湯税条例を施行している市町村は，2018（平成30）年度時点で982市町村（東京都区部は1市町村と計算）である。半数以上が入湯税条例を施行しており，施行している市町村の91.3％が標準税率の150円を採用している。

入湯税条例を採用している市町村は，温泉地や温泉施設を有しているのが条件だが，温泉施設が少なく，徴収する事務経費を考慮した場合，経費倒れになる場合は，たとえ温泉地や温泉施設があっても施行しない市町村もある。

標準税率を超える場合は超過税率といい，2016（平成28）年度時点で超過税率を採用しているのは，200円（箕面市・美作市），210円（桑名市），250円（釧路市）の4市になる。その後，2018（平成30）年に北海道上川町（250円），2019（平成31）年に大分県別府市（〜500円）が超過税率を採用してきている。

2020（令和2）年には，山口県長門市，北海道登別市，北海道伊達市がそれぞれ300円の超過税率を採用している。別府市の場合は，湯治と観光が混在している温泉地であり，宿泊および飲食料金や滞在日数で分け，50円から500円の入湯税を徴収しているのが特徴である。

（3）宿泊税
①　宿泊税とは

宿泊税とは，ホテルや旅館の宿泊者に課税される税金である。

入湯税は，地方税法で定められた使途が決まっている税金なので「法定目的

税」と言われるが，宿泊税は，地方税法にはなく都道府県や市町村が条例で定めることで使途が決まる税金なので「法定外目的税」といわれる。入湯税は市町村税だが，宿泊税は都道府県でも市町村でも条例を定めれば施行することができる。

　宿泊税は，1940（昭和15）年に遊興飲食税として新設されたのがもとになっている。この税金は，料理飲料等・特別地方消費税と名称を変えながら存在していた。具体的には，7,500円を超える飲食料金や15,000円を超える宿泊料金に課税される税金であった。1989（平成元）年4月から消費税3%が導入されたことにより，二重税率との指摘もあり，1990（平成2）年度末に廃止となった。

　その後，2002（平成14）年10月から東京都が宿泊税条例を施行したのを皮切りに，大阪府が2017（平成29）年1月，京都市が2018（平成30）年10月，金沢市が2019（平成31）年4月，北海道倶知安町が2019（令和元）年11月，それぞれ導入した。2020（令和2）年4月には，福岡県・福岡市・北九州市が同時に導入した。同じ県（福岡県）に2つの市（福岡市・北九州市）が宿泊税を導入することによる混乱はあったが，二重課税にならないように県税と市税に分けて徴収することで問題を解決した。

② 　代表的な自治体の宿泊税

　地方自治体の中で，最初に宿泊税が施行された（2002年10月）のが東京都である。納税義務者は，都内のホテルや旅館の宿泊者で，「宿泊数×税率」となる。この使途は，「国際都市東京の魅力を高めるとともに，観光振興のための事業，たとえば，旅行者に分かりやすい案内標識の整備，観光案内所の運営，観光情報の提供，観光プロモーションなどの経費」に充てられる。1人1泊10,000円未満は非課税，10,000円以上15,000円未満は100円，15,000円以上は200円となっている。これには，「素泊まりの料金」「素泊まりの料金にかかるサービス料」が含まれ，「消費税に相当する金額」「宿泊以外のサービスに相当する金額」「食事・会議室の利用・電話代」等は含まれない。

　ただし，周知の通り，東京ではオリンピックが2020（令和2）年7月24日〜8月9日，パラリンピックが8月25日〜9月6日に開催予定であった。都は国際オリンピック委員会（IOC）に示した立候補ファイルで，選手ら「資格認定者」の期間中の宿泊に対して宿泊税を免除すると明記している。しかし一般

宿泊者との区別が付きにくいことと，フロント業務が煩雑になるとの理由で，2020（令和2）年7月1日から9月30日までは課税停止期間にする予定であった。しかし，新型コロナウイルス感染拡大の影響で，1年延期されたことで，2021（令和3）年7月1日から9月30日まで課税停止期間に変更になった。

　大阪府の場合は，東京都と同じように，宿泊税収入は主に観光振興に使用される。大阪は，訪日外国人旅行者のゴールデンルートに入っており，観光客が増加してきていた。こうした中で，観光客の受入環境整備や魅力あるまちづくりにかかる費用の捻出が，厳しい財政状況の中で必要になってきていた。

図表4－6　大阪府の宿泊税率

宿泊料金（2017/1/1〜）	宿泊料金（2019/6/1〜）	税率
10,000 円未満	7,000 円未満	非課税
10,000 円以上 15,000 円未満	7,000 円以上 15,000 円未満	100 円
15,000 円以上 20,000 円未満	15,000 円以上 20,000 円未満	200 円
20,000 円以上	20,000 円以上	300 円

出典：大阪府宿泊税概要より著者作成。

　図表4－6の通り，2019（令和元）年6月からの税率が変更された。ホテルは需給バランスにより，日々料金が変動する。1泊10,000円未満になると宿泊税が徴収できず，計画段階で予定していた税収額を大きく下回ったため，非課税部分を7,000円未満に変更した。

　京都市の場合は，観光振興以外に，訪日外国人旅行者の増加による弊害，いわゆるオーバーツーリズムの対策という側面もあるようである。京都は観光地として賑わいを見せているが，広大な面積を有する寺社は税金がかからず，学生が多いこともあり住民税収入も少なく，財政面で厳しい状況にあった。1985（昭和60）年から1988（昭和63）年まで，古都保存協力税（通称：古都税）という法定外普通税を徴収していたが，仏教界の反対もあり3年余りで廃止になった。

　京都市の宿泊税は，20,000円未満が200円，20,000円以上50,000円未満が500円，50,000円以上が1,000円で，東京都や大阪府と違い税率が高いほか，すべての宿泊料金に対して徴収している点が特徴である。これは，税の公平性・公正性を担保するためでもあるが，急増する民泊をはじめ，違法に営業している宿泊施設への宿泊を確実に捕捉するという意味で，宿泊税を徴収するこ

とも狙っている。

（4）宿泊産業を取り巻く税制の問題点—入湯税・宿泊税を中心に

　入湯税の使途は，市町村の財政事情から「観光振興」の財源にシフトしてきている。このことが，入湯税条例を施行している市町村に新たな問題を発生させている。平成の大合併の結果，1999（平成11）年に3,232あった市町村は，2021（令和3）年1月現在，1,718市町村に半減している。単純には市町村が2倍の広さになったことになる。

　今まで，小さな町村にあった温泉地からの入湯税は，温泉地での源泉管理や観光振興に使われてきた。しかし，行政区域が広くなると，温泉地以外の地域での観光振興に使用される事例が生じてきた。また，温泉地内でも温泉を使用しないビジネスホテルや宿泊施設が増える事例も出てきた。入湯税は，特別徴収義務者（温泉浴場の経営者または管理者）が徴収することになっているが，温泉を使用しない施設に徴収義務はない。入湯税を徴収しなくても，その地域での観光振興の恩恵を受けることができるので，特別徴収義務者からは不平・不満が噴出することにもなる。

　また，制度上の問題だが，入湯税を一般財源化することで，「単年度主義」や「予算主義」に陥ってしまう。「単年度主義」では，その年度で使い切る必要があるので，本来の使途目的が果たせなくなる可能性がある。増税する部分に基金を設立し，財源を計画的に使えるようにしている市町村も存在する。上述の大分県別府市や北海道登別市の入湯税使途には「基金積立金」を設けており，今後，温泉宿泊者から集めた大事な財源を計画的に使用する自治体が増えてくると思われる。

　観光振興にかかる費用の増大には，宿泊税の新規施行で対応しようとする例も増えている。しかし，大阪府のように目的額を徴収できずに見直した例もある。また，違法営業の民泊も垣間見えるが，これは宿泊税収入の取りこぼしにつながり，税の上での公平性・公正性に反するものである。

　同じ行政区域で入湯税と宿泊税を施行している京都市や，導入ずみの福岡県と福岡市・北九州市のような例もある。今後，野放しのまま，多くの地方自治体が独自に宿泊税を導入しようとすれば，消費者からの不満も出て最終的には地方自治体に「ツケ」が回ってくることになる。この点には注意が必要である。

主要参考文献

石川理夫（2018）『温泉の日本史』中公新書。

河西信明（1971）『月刊 近代消防 1971 年 6 月号』近代消防社。

京都仏教会編（2017）『古都税の証言』丸善プラネット。

日本温泉協会温泉研究会編（2004）『温泉必携　改訂第 9 版』日本温泉協会。

総務省ホームページ「地方税体系」

　（https://www.soumu.go.jp/main_sosiki/jichi_zeisei/czaisei/czaisei_seido/149767_01.
　html）

東京都の宿泊税概要

　（https://www.tax.metro.tokyo.lg.jp/kazei/shuk.html#gaiyo_01）

大阪府の宿泊税概要

　（https://www.pref.osaka.lg.jp/toshimiryoku/syukuhakuzei/）

京都市の宿泊税概要

　（https://www.city.kyoto.lg.jp/gyozai/page/0000236942.html）

別府市の入湯税

　（https://www.city.beppu.oita.jp/seikatu/zeikin/nyuutouzei/nyuto_index.html）

（永山 久徳，徳江 順一郎，高橋 祐次）

第２部

世界の宿泊産業

第5章　世界の宿泊産業史

1．ヨーロッパ

（1）ホテルの誕生

　安全に宿泊できる施設は，人々が非日常圏に移動するうえで欠かせないものであり，古くは交易目的や公務出張など，仕事や命令により移動する人たちのために提供された。旅の文化が異なるように，宿泊施設の歴史もまた地域ごとの特色を持っている。ここでは西洋の代表的な宿泊施設である「ホテル」の発展過程をみてみよう。

　ホテルの語源は，聖地巡礼が盛んになった中世の教会・修道院に「旅人のための保護と休息の場」として宿泊施設を伴った「ホスピス（Hospice）」が誕生したことにさかのぼる。この保護の機能が病院（Hospital）になり，一方の休息の機能が簡易宿舎・宿屋（Hostel）として次第に分化していった。これが現在でいうホテルの語源となった（前田（2007）より）。

　サービスを提供し対価をえる宿泊業が幅広く成立・定着していくのは，交易に伴う旅行の増大がみられた13世紀後半だといわれる。ヨーロッパでは街道沿いに独立小規模で基本的な食事と宿泊とサービスを，旅行者から報酬を受けて提供する「イン（Inn）」が発達した。

　18世紀後半からは，イギリスを中心とした産業革命の進行に伴い，こうした商業に従事する人々の宿が発展する一方で，19世紀初頭には上流階級の人々が社交を楽しみ宿泊するホテルが建設され，やがて「グランドホテル」と呼ばれた。これらのホテルはヨーロッパの名勝地や温泉保養地などにも建設されたが，王侯貴族や特権階級および国家自体が資本を提供しており，自らの権力や富を誇示する目的もあり利潤の追求よりも社会的名誉が重視された。彼らが提供した「ヨーロッパの伝統的もてなし」は，17世紀から18世紀にいたる絶対王政の象徴である豪華絢爛なベルサイユ宮殿を基本としていた（岡本（1999）より）。この代表的なホテルが，1850年にパリに開業した「ル・グラン・オテ

ル（Le Grand Hotel）」などであった。

　19世紀後半には欧米で万国博覧会などの世界的なイベントが開催されるようになり，自国の国威を誇示し，来訪者をもてなす社交の場としてのホテルが必要とされた。ウイーン万博では「ホテルインペリアル」（1873年）が離宮を改装して開業した。欧米列強はアジアへも進出しており，タイの「オリエンタル・ホテル」（1876），シンガポールの「ラッフルズ」（1887），日本の「帝国ホテル」（1890）など，世界各地で迎賓館的な「グランドホテル」が登場した。この時期は世界的に近代ホテルの萌芽がみられる時期であったが，迎賓館的な社交の場としての役割が重視され，経済的に成功することは難しかった。

写真5－1　ル・グラン・オテル

出典：本章内の写真はすべて著者撮影。

（2）近代ホテルの成立

　産業革命により誕生したブルジョアジーたちは相対的に力を持つようになったが，貴族のように伝統的な屋敷や領地を保持しておらず，彼らが社交や余暇を過ごす場を必要としていた。イギリス，ロンドンのサヴォイ劇場のオーナー，リチャード・ドイリー・カートは，1889年にイギリスで最初の電灯とエレベーターのあるホテル「ザ・サボイ」を開業し，サヴォイ劇場で観劇をしてホテルでディナーをとるというスタイルを確立した。この立役者は，一時低迷したホテルを洗練したサービスと料理で再建したスイス人支配人のセザール・リッツとフランス人料理人のオーギュスト・エスコフィエであった。

　この2人は産業革命により新たな富裕層が登場する中，「伝統的もてなし」

を体験できる場としてのホテルを進化させていった。彼らは，1898年にパリの「オテル・リッツ」を開業して，貴族や富裕層たちの要求に質の高いサービスを通じて応え，日曜日の晩餐の提供，晩餐の際のドレスコード（正装の義務づけ），男女同伴，家族での食事などホテル利用のスタイルを提案・確立させたといわれる。また，エスコフィエはフランス料理の創始者ともいわれ，当時の人気歌手や作曲家のために創作され，彼らの名前を冠したピーチメルバやロッシーニなどの料理は，その多くが世界のホテルのメニューとして広まった。世界の高級ホテルがフランス料理を基本としているのは，エスコフィエの影響によるものであり，リッツホテルは今日の高級ホテルサービスの基礎を築いたといえる（岡本（1999）より）。

　さらにヨーロッパでは，19世紀後半に鉄道交通が盛んになるにつれ，主要駅にターミナルビルが建設され，その一部をホテルとして一般客が利用できるようになった。ロンドンのユーストン駅（1839年）を皮切りに，ネオゴシック建築が美しいセントパンクロス駅に「ミッドランド・グランドホテル」（1873年）などのステーションホテルが相次いで登場した。しかし，リッツ時代のヨーロッパのホテルは，価格面からみると大衆にとって遠い存在であり，ホテルが大衆のものとして広く発展するのは，歴史的に特権階級が存在していない北米であった。

2．米国・カナダ

（1）ホテルの大衆化

　アメリカには，イギリスからの移住に伴い，本国の生活習慣がそのまま移植される傾向がみられ，簡素なサービスを提供する「Inn」とともに，大都市にはグランドホテル様式の「ウォルドルフ＝アストリアホテル」（1893年）等が開業していた。馬車が通る街道が鉄道に発展したヨーロッパと異なり，北米大陸は鉄道によって大陸が「開拓」されたという側面があり，交通の創出は新しいホテルの開業を促進させた。

　カナダでは，カナダ太平洋鉄道会社が沿線の観光開発の拠点としてホテルを計画し，ブリティッシュ・コロンビア州の州都ヴィクトリアは，1908年にカナダ太平洋鉄道会社によってホテルが建設されてから保養地として発展した。

またリゾートホテルとしてバンフ国立公園に「バンフ・スプリングス・ホテル」が建設されるなど，カナダ各地にCPH（Canadian Pacific Hotels）が建設された。

　さらに20世紀に入ると，アメリカでホテル経営に新たな動きが起こった。アメリカ大陸における産業の発達とともに必要とされていたのは，ビジネスを目的として移動する人々の宿であった。エルズウォス・スタットラーは大衆旅行時代において商用旅行者が増大することに注目し，彼らが気軽に宿泊できる快適なホテルの建設に力を注いだ。最初の「スタットラーホテル」をバッファローに開業（1898年）したときのキャッチフレーズは，「1ドル半で部屋とバスを提供します」であり，新しい時代のコマーシャルホテルの登場であった。スタットラーはさらに各地に同様の低価格ホテルを「所有直営方式」で開業していった。これがホテルの大衆化のはじまりであると同時に，本格的な「チェーンホテル」のはじまりとなった（岡本（1999）より）。

　スタットラーはホテル経営に科学的管理法（ユニフォームシステム）を導入し，人材育成のためにコーネル大学に多額の寄付を行い，ホテル経営教育を含むホスピタリティ教育を提供する端緒を開いた人物としても知られる。

（2）チェーンホテルの成立とホテルオペレーターの登場

　さらにアメリカを中心とする大衆消費社会の成立から発展の過程において，2大ホテルチェーンが登場した。1954年にスタットラーチェーンを買収したコンラッド・ヒルトンの「ヒルトンホテルチェーン」などによりホテル業の拡大が図られていった。ヒルトンは，ホテル経営に科学的管理法の考えかたを積極的に取り入れ，ホテル運営業務の標準化などを図るとともに，ホテル内の無駄なスペースを削減しテナントを出店させ，アーケードと呼ばれるショッピング街，飲食施設としての複数のレストランを設けるなどしてホテル機能を拡大させていった。ヒルトンのチェーン経営手法は，土地・建物をオーナーが提供し，ヒルトン社は運営（オペレーション）だけを担当する「運営受委託（マネジメント・コントラクト）方式」によるチェーン展開であった。第二次世界大戦後には，アメリカ政府の欧州復興計画（マーシャルプラン）によるアメリカ人の訪欧旅行促進政策をうけて欧州にも続々とチェーンを展開していった。このように，ヒルトンはホテル経営の近代化に取り組むとともに，ホテル経営を国際的事業運

営にまで成長させ，アーネスト・ヘンダーソンらが創業し，ホテルの買収を重ねることで国際的ホテルチェーン企業となった「シェラトン・ホテルズ」などとともに近代ホテル産業をリードした。

　第二次世界大戦後の 1950 年代後半から，アメリカ人の交通手段は自動車が主流になった。これに目を付けたのが「ホリディ・インチェーン」の創始者であったケモンズ・ウイルソンであった。都市を中心に発達した駅は，庶民的な家族で自動車旅行をする場合には高額かつ不便な地域に立地していた。ケモンズは自動車旅行者を対象とした駐車場つきモテル（Motel, Motorist's Hotel の略）を「フランチャイズ方式」を用いて普及させた。街道沿いにあり，利便性に富んだモテルは，地方都市を中心に発展していった。

　一方，カナダでもイサドア・シャープが 1961 年にトロントに「フォーシーズンズホテル」をオープンするとともに，1970 年代にはイギリス，アメリカに進出して，ラグジュアリー・ホテルとして名をはせるようになる。

　ヨーロッパで誕生したホテルは，大衆化社会が進行したアメリカにおいてホテル業として確立していった。そしてホテルの歴史は，Inn のような必要最小限のサービスを提供する施設と非日常的な豪華なサービスを提供する施設という 2 大潮流の中で発展してきた。時代のニーズに応じて新たなサービスを提供できた経営者が，各章で登場する代表的なホテルチェーンを誕生させ，発展させていった。

　1980 年代にはチェーンホテルのグローバル化が進展し，施設・サービスの標準化が進む一方で，技術革新により競合他社とのサービスの差別化が難しくなった。こうした中，イアン・シュレイガーやテレンス・コンラン卿などによりデザイン性を重視したデザイン・ホテルが登場するとともに，後述するリゾート地のスモールラグジュアリーなど，デザインや地域性をいかしたホテルが脚光を浴びるようになった。

　近年では業界再編も進み，最大のホテルチェーンである米国企業のマリオット・インターナショナルは，2016 年に「スターウッド」を買収したことで，世界中に約 8,000 軒のホテルを有するとともに，ラグジュアリーブランドのザ・リッツ・カールトンやブルガリ・ホテルズ＆リゾーツをはじめ，ウェスティン，シェラトンなど 30 を超えるブランドを展開する大企業になった（2022年現在）。ブランドは価格帯や滞在方法（アパートメントホテル）などだけではな

く，デザインやライフスタイルというコンセプトでも差別化されている。

　ホテルは各時代において，「滞在する価値」をいかに生みだすのかに向き合ってきた。21世紀には，先述した2大潮流以外に，旅行者の感性やライフスタイルに訴えかける魅力とともに，新たな滞在価値を提供できる施設が求められている。

3．アジア・中東

（1）アジアの植民地とホテル

　アジアにおけるホテルの歴史は，ほぼそのままヨーロッパ列強による植民地化と深く関連している。

　イランのイスファハンで生まれたマーティン，ティグラン，アヴィエト，アルシャクのサーキーズ兄弟が，マレーシアのペナン島で1884年に「イースタン・ホテル」を，1885年に「オリエンタル・ホテル」を開業し，1889年に合併して「イースタン＆オリエンタル・ホテル」（E&O）となった。

写真5−2　イースタン＆オリエンタル・ホテル

　E&Oは戦後，長く停滞期が続いたが，1996年にいったんクローズした。体制を一新し，2001年に再開している。

　サーキーズ兄弟は，1887年にはシンガポールに「ラッフルズ・ホテル」，1901年にはミャンマーのサイゴンで「ザ・ストランド」も開業した。ラッフルズ・ホテルは1987年に建物がシンガポールの歴史的建造物に指定されたが，

写真5－3　ラッフルズ・ホテル

写真5－4　マジェスティック・ホテル

1989年に一時休館し，新規に設立された「ラッフルズ・ホテル＆リゾーツ」による大改装を経て1991年に再オープンとなった（詳しくは第6章）。

1887年，タイのバンコクにおける初めてのホテルとして，「ジ・オリエンタル」がオープンした。1974年に「マンダリン」（この買収によりのちに「マンダリン・オリエンタル」となる）に買収されたが，30年以上を経た2008年になってやっと，「マンダリン・オリエンタル・バンコク」に名称が変更されている（詳しくは第7章）。

フランスの植民地であったベトナムでは，植民地時代の1925年，華僑のフイ・ボン・ホアによってサイゴン（現在のホーチミン）に「マジェスティック・ホテル」が開業した。1985年に国営企業「サイゴンツーリスト」の系列となり，1995年には大改装を経て再オープンを果たしている。

香港の「ザ・ペニンシュラ」は，1928年に開業したが，その前身といえる「香

港ホテル」は1868年に開業している。当初は欧州人が経営にかかわっていたが，ペニンシュラ開業前後からはカドゥーリ一族が経営をリードしている（詳しくは第7章）。

ラッフルズやペニンシュラは基本的に，植民地のホテルとして，地元在住の欧米人や欧米人旅行者が主たるターゲットとなっていた。他の地域でもその状況はそれほど変わることなく，地元民の利用はごく一部であった。

また，第二次世界大戦中は，日本軍の侵攻に伴い，ラッフルズは「昭南旅館」，マジェスティックは「日本ホテル」，ペニンシュラは「東亜ホテル」と名称が変更された暗い過去もある。

興味深いのは，アジア地域におけるホテルは，華僑と中東からの移住者が深く関係していたものが多いということ，そして第二次世界大戦時は，当時の旧日本軍とも関係が深かったということである。

戦後は他の各国・地域でもホテルの需要が増大し，台湾では台北に「台湾大飯店」が1952年に開業し，現在は「圓山大飯店」となっている。韓国ではソウルに「ホテル新羅」が1979年に開業し，最近は低価格ブランドも投入し，チェーン展開を進めている。

写真5－5　特徴的な建築の圓山大飯店

1980年代頃からフィリピンのセブ島やインドネシアバリ島などが注目されるようになり，リゾートが開発されるが，1990年前後には「アマンリゾーツ」などの「スモール・ラグジュアリー」と呼ばれるカテゴリーが出現し，それまでのリゾート観を一変させた。詳しくは第7章を参照されたい。

写真5－6 アマンリゾーツによるアマンウェラ

写真5－7 サイアム・ケンピンスキーのロビー

　近年は，シンガポール政府投資公社（GIC）やブルネイ投資庁，カタール投資庁といった，いわゆる「ソブリン・ウェルス・ファンド」（SWF）と呼ばれる政府系ファンドがホテルに大きくかかわってきている。GICは2008年に恵比寿の「ウェスティンホテル東京」の不動産と経営権を770億円で買収したが，2019年には中国の投資会社であるブライト・ルビーに約1,000億円弱で売却しているし，タイ王室財産管理局は「ケンピンスキー・ホテルズ」を所有していた。

（2）中東の発展におけるホテルの位置づけ
　近年，急速に変化が生じたのが中東である。特徴的なのは，アラブ首長国連邦のドバイ首長国における発展ではないだろうか。
　ドバイでは，地理的特性を活かして，ながきにわたって交易の中継地として

の存在感が強かった。連邦内で最大のアブダビ首長国とは異なり産油もあまり期待できなかったため，1980年代以降は，この点をさらに推し進めていくことになった。具体的には，1985年にエミレーツ航空が設立され，ジュベル・アリ港が開港し，周辺に自由貿易特区が設定された。

　急成長を遂げるのは2000年代に入ってからである。特に米国同時多発テロ以降は，中東を中心としたオイルマネーの余剰資金が欧米から引き上げられ，その投資先としてドバイなどが選ばれるようになった。エミレーツの設立とともに，観光産業における柱となったのが1997年の「ジュメイラ・グループ」設立である。同年に「ジュメイラ・ビーチ・ホテル」を開業後，1999年には物理的な高さも価格の高さも話題となった「ブルジュ・アル・アラブ」も開業，2020年時点では，8ヶ国に24軒のラグジュアリー・ホテルを展開している。首長がトップの政府系投資会社「ドバイ・ホールディングス」の傘下にある（詳しくは第7章）。

写真5－8　ブルジュ・アル・アラブとマディナ・ジュメイラ

　また，2000年代以降，ドバイには各チェーンの最高価格帯に位置するラグジュアリー・ホテルが勢揃いするようになっている。

　加えて，アジア地域と同様に投資にも熱心である。

　サウジアラビアの王家・サウド家の一員であるアル＝ワリード・ビン・タラール王子が経営する「キングダム・ホールディング・カンパニー」は，きわめて多くの企業に投資してきたが，その中には「フォーシーズンズホテル」や「フェアモント・ラッフルズ・ホテルズ・インターナショナル」も含まれてい

る。その影響で，キングダム本社にはフォーシーズンズホテルが入っており，聖地メッカの「アブラージュ・アル・ベイト・タワーズ」内にある世界最高層ホテルである「メッカ・クロック・ロイヤルタワー」はフェアモントが運営している。

　他にもアブダビ投資庁，カタール投資庁などは，ホテルにまつわる話でしばしば耳にするようになっている。

4．その他

　オセアニアはアジアと同様，移民を中心とした宿泊需要に応えることからホテルがスタートしたが，やがて観光地としての魅力を積極的にアピールするようになっていった。シドニーやメルボルンには歴史ある高級ホテルも存在する一方で，ゴールドコーストなどでは多様なリゾートホテルが世界中の観光客を集めている。

写真5−9　メルボルンを代表するザ・ウィンザー・ホテル

　また，アフリカでは，南アフリカやボツワナで，サファリ・リゾートが花盛りである。特に，自然保護区などではサファリ・ツアーを組み合わせて動物の生態を観察させつつ，その売上から自然保護のための経費をまかなうなど，興味深いシステムが導入されている。

　以上，世界の宿泊産業史の概略を論じた。全体の流れをまとめたものが図表5−1となる。2020年のCOVID-19により，今後も大きな歴史の変化が生じるかもしれない。引き続き注視していきたい。

写真 5 - 10　南アフリカのサファリ・リゾートからシマウマを眺める

図表 5 - 1　ホテルの発展過程と特徴

時代区分	主たる利用者	建設の目的	経営方針の性格	組織	施設の性格
古代〜中世	宗教的・経済的・軍事的目的による旅行者	ホスピス，INN の時代駅伝制度・慈善，自然発生的	社会的義務	独立小規模	最低必要条件の確保
近世	特権階級（王侯貴族）	グランド・ホテルの時代社会的名誉	特権階級のための社交と宿泊の場	独立小規模	豪華絢爛
近代（19 世紀後半）	富裕階層（王侯貴族，ブルジョアジー）		王侯・貴族趣味志向付加的価値の増大	独立中小規模	豪華絢爛，伝統的なもてなしの享受
近代（20 世紀初頭以降）	商用旅行者	ホテル大衆化時代利潤追求（中小資本）	費用志向薄利多売	チェーン化スケールメリットの追求	施設設備の標準化，利便化，簡素化，低コスト化，運営業務の標準化
現代（20 世紀後半）	商用旅行者，観光旅行者，地元住民	新しい時代のホテル多様な目的（大資本の参入）国民福祉（公共投資の増大）	マーケティング志向経営の多角化	チェーン化理論の多様化	ホテル機能の拡大個性化，イベント・用途開発重視
現代（21 世紀初頭）	商用旅行者，観光旅行者，地元住民	ホテル多様化の時代多様な目的（大資本の参入，異業種等の参入）	経営の多角化不動産投資	チェーン化理論の多様化	個性化，宿泊特化型とラグジュアリーの二極化

出典：原・岡本（1979）に著者加筆。

【主要参考文献】

内田彩・大久保あかね（2019）「第 17 章 観光と宿泊」『新現代観光総論　第 3 版』学文社。

岡本伸之（1999）『現代ホテル経営の基礎理論』柴田書店。

仲谷秀一・テイラー雅子ほか（2016）『ホテルビジネス ブック第 2 版』中央経済社。

原勉・岡本伸之（1979）『ホテル・旅館業界』教育社。

前田勇（2007）『現代観光とホスピタリティ―サービス理論からのアプローチ―』学文社。

前田高行（2008）『アラブの大富豪』新潮社。

（内田 彩，徳江 順一郎）

第6章　メガ・ホテルチェーン

1．メガ・ホテルチェーンとは

　本章では，世界的に数千軒レベルでチェーンを展開する，メガ・ホテルチェーンを紹介する。

　バブル時代には，現在メガ・ホテルチェーンの一部を構成するブランドを展開するホテルチェーンを日本企業が所有していたこともあったが，今後はそのような方向性は期待できないかもしれない。ただ，本来の「観光立国」の実現には，こうしたチェーンの存在も欠かせないはずである。なぜなら，観光客が自国に来なくても，数兆円規模の売上を実現しているチェーンの拠点が自国に存在することは，大勢の観光客の来訪と同様の効果が生じるからである。

2．ヒルトン・ホテルズ＆リゾーツ

　1919年，創業者のコンラッド・ヒルトンが，テキサスの「ザ・モブリー」を購入したのがはじまりである。その後，1925年ダラスに「ザ・ヒルトン」と名づけたホテルが開業し，そこから米国初の全国規模チェーンへと歩んでいく。1946年には，ニューヨーク証券取引所（NYSE）に上場した。

　1949年にプエルトリコに「ザ・カリベ・ヒルトン」を開業し，海外進出をスタートさせる。そして，海外のホテル運営のために「ヒルトン・インターナショナル」を設立した。

　1964年には米国内のホテルを統括する「ヒルトン・ホテルズ・コーポレーション」と米国以外の経営権を有する「ヒルトン・インターナショナル」に分かれることになる。そのうち，ヒルトン・インターナショナルが1967年にトランスワールド航空（TWA）へ売却された。

　ヒルトンには米国内はもちろん，世界的にも有名なホテルがチェーンに加えられていく。1972年には，ベンジャミン・シーゲル（別名バグジー・シーゲル）

が1946年に開業したラスベガスを代表するホテルを買収し，「フラミンゴ・ヒルトン」とした（その後1998年に売却）。また，ニューヨークを代表するホテルだった「ザ・ウォルドルフ＝アストリア」も買収している。

　米国内のヒルトン・ホテルズは，再び米国外に進出するために1982年に「コンラッド」という新ブランドを発表し，1985年，オーストラリアのゴールドコーストに第1号が開業する。一方，ヒルトン・インターナショナルの方は，米国内で「ビスタ・ホテル」のブランド名を用いた。

写真6－1　ヒルトン東京

（以下，本章内の写真は著者撮影。）

1997年，ヒルトン・コーポレーションは，ヒルトン・インターナショナルから名称を変え，全米以外のヒルトンの経営を担っていた英国企業の「ヒルトン・グループplc」と業務提携を結び，ブランドを統一することに成功した。2006年にはヒルトン・グループplcがヒルトン・コーポレーションにホテル部門としてのヒルトン・ブランドを売却している。

　現在は「ザ・ウォルドルフ＝アストリア・コレクション」と「コンラッ

写真6－2　ウォルドルフ＝アストリアの　　　写真6－3　ウォルドルフ＝アストリア
　　　　　　　シティマップ・表紙　　　　　　　　　　　　　　　　上海

ド」がラグジュアリー，「ヒルトン」，「ダブルツリー」，「エンバシー・スイーツ」がフル・サービス，「ヒルトン・ガーデン・イン」，「ハンプトン・イン」，「ホームウッド・スイーツ」，「ホーム2」がフォーカスト・サービスといった展開をしている。比較的最近導入されたものに，「キャノピー」，「キュリオ・コレクション」，「タペストリー・コレクション」，「テンポ」，「シグニア・ヒルトン」といったブランドがある。また，2018年からは「LXRホテルズ&リゾーツ」をラグジュアリーのラインに新しく導入し，2021年には京都に開業した。

なお，日本ではまだホテル黎明期といえる1963年に「東京ヒルトンホテル」が開業している。同ホテルは日本のホテル業発展に大きな役割を果たしたと目されていたが，1983年に新宿へ移転して再開業を果たしている。

図表6－1　ヒルトンのブランド一覧

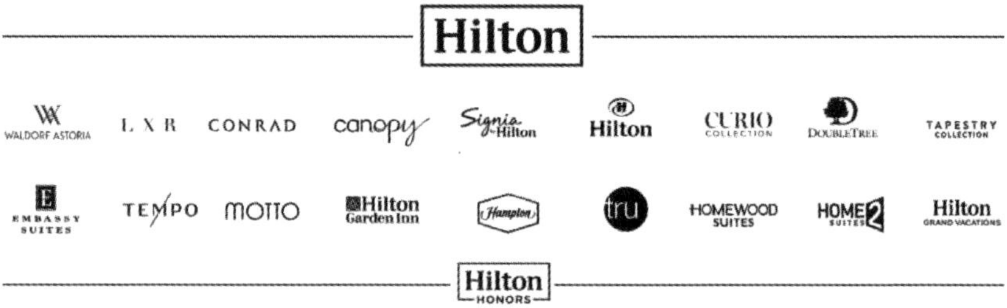

出典：同社HP（https://hiltonhotels.jp/，2022年12月24日アクセス）。

3．マリオット・インターナショナル

（1）マリオットの概略

2020年現在，世界最大級のホテルチェーンとなったマリオットは，1927年，ワシントンDCに9席のみの小さなドリンクスタンドを開業したのがはじまりである。大きな成長につながったのは1937年，創業者のジョン・ウィラード・マリオットが，空港で客がサンドイッチや飲み物を買い込んで飛行機に乗っていくのに着目し，イースタン航空で機内食の提供をはじめたことである。

第1号のホテルは1957年，ヴァージニア州アーリントンに開業した「ツイン・ブリッジ・モーター・ホテル」である。1968年に上場したが，その時点では宿泊事業の比率は高いものではなかった。1969年には初の海外進出とし

てアカプルコに開業している。1975年にはヨーロッパへも進出する。

　ただ，それまではホテルよりも料飲事業に注力していた。そこから，1970年代後半に既存ホテルの買収も組み合わせつつ急速な業容拡大を成し遂げている。その背景にあるのは，1977年の方針転換，つまりホテル物件（不動産）の所有をせず，経営に注力する方向へと企業の方針を転換させたことである。

　それまでは，ホテルの数を増やすために自社で資金調達をしなくてはならなかったが，建設したホテルを投資家に売却して家賃を払うようにすることで，資金負担の重圧から解放されたのである。所有直営型から賃借型への転換といえる。

　1980年代後半以降，飲食事業や機内食事業を段階的に売却し，ホテル事業をビジネスとするマリオット・インターナショナルを設立した。1997年には「ルネッサンス・ホテルズ」を買収，1998年には「リッツ・カールトン」も傘下におさめ，2016年に「スターウッド・ホテルズ＆リゾーツ」を買収し，現在に至っている。

　なお，中国の安邦保険が，スターウッドの買収をめぐりマリオットと争っていたことが報道されている。安邦保険は2014年に，ニューヨークでヒルトンが所有していた「ザ・ウォルドルフ＝アストリア」を19億5,000万ドルで買収したことでも有名である。

　本書では，スターウッドと同社が擁していた特徴的なブランドも各項で説明する。

（2）スターウッド・ホテルズ＆リゾーツ・ワールドワイド

　スターウッドの歴史は，1991年にバリー・S・スターンリヒト氏が複数の投資家の資金をもとに「スターウッド・キャピタル・パートナーズ」をシカゴに設立したことにさかのぼる。1993年にスターウッド・キャピタルは最初のホテルを購入したが，1994年までに30軒以上の物件を所有することになる。

　スターウッド・キャピタルが飛躍するきっかけとなったのは，1980年代の法改正の適用除外となった，ペアドシェアREIT（Paired Share REITs）だった「ホテル・インベスターズ・トラスト」を1995年に買収したことである。

　米国のREITとは，1960年に生まれた法人税が非課税となる不動産専門の投資法人のことである。もちろん法人税免除の代償として，通常のREITは収

益の95％以上の配当などの他に業務規制などの制約が大きいが，ホテル・インベスターズ・トラストは旧制度のもとで設立されたため，実態は別の資産保有会社と運営会社が不可分の双子会社として上場されており，REITながら，本来は兼営できないホテルチェーンの運営をし，そしてその収益について課税を回避できていた。

　経営権を取得後，ホテル・インベスターズ・トラストは「スターウッド・ロッジング」と名称が変更された。この買収によって，この年のスターウッド・キャピタル株は72.46％上昇したという。

　スターウッドは1997年にさらなる飛躍を果たした。同年9月，スターウッド・ロッジングは，「ウェスティン・ホテルズ＆リゾーツ」を18億ドルで買収することに合意したと発表したが，さらに同年10月には，ヒルトンの敵対的買収に対するホワイト・ナイト（敵対的買収を仕掛けてきた相手から守るために友好的に買収する主体）として，「ITTシェラトン・コーポレーション」を143億ドルで買収することに合意したと発表した。これによりスターウッドはグローバルな存在として脚光を浴びるようになる。

　1998年1月，スターウッド・ロッジングはウェスティンを買収した。これに伴いスターウッド・ロッジングは社名をスターウッド・ホテルズ＆リゾーツに変更することになる。翌2月にはシェラトンの買収も完了した。そして，同年12月，自社開発のデザイン・ホテルである新ブランドのWホテルもニューヨークに開業した。

　1999年はスターウッドにとっての転機の年となった。この年にREITの税制優遇措置が廃止となり，スターウッドは通常の株式会社へと改組した。この時点で，投資事業からホテル事業へ転換したといえる。同年に成長著しいバケーション・オーナーシップ市場での地位を確立すべく，バケーション・オーナーシップ会社の「ビスタナ」を買収した。ビスタナはその後，スターウッド・バケーション・オーナーシップと改名し，グループで最も高い利益を生み出す部門の1つとなった。

　その後，2005年11月には約2億2,500万ドルで「ル・メリディアン」を買収し，新ブランドとして2006年に「アロフト」が，2008年に「エレメント」が誕生している。

　このように，スターウッドの成長には，投資のための原資を集めうる「器」，

すなわち REIT の果たした役割が無視できない。後に米国内の法改正に伴い株式会社に転換したとはいえ、それまでの急成長のポイントになったのは、やはり REIT に集められた投資家の資金であった。それをホテルに集中して投資することで、世界最大級のホテルチェーンを構築し、顧客の囲い込みに成功したといえよう。実際に不動産に対してはむしろ売却や証券化によってキャッシュを得るような動きも多く、経営や運営と不動産に対するスタンスには一線を引いていた。

（3）シェラトン

　ヒルトンと並ぶチェーンとして有名だったシェラトンは 1937 年、創業者のアーネスト・ヘンダーソンとロバート・ムーアがマサチューセッツ州スプリングフィールドの「ホテル・ストーンヘブン」を買収したことが事実上の創業である。その後、買収を重ねることでホテルを増やし、1949 年にカナダのホテルチェーンを買収して世界規模に成長した。

　1960 年代にラテンアメリカと中東に最初のシェラトンホテルを開業し、1965 年には 100 番目のシェラトンホテルを開業させた。さらに 1985 年には中華人民共和国に最初のシェラトンホテルとなるグレートウォール・シェラトン・ホテル北京（長城飯店）を開業させている。

　前後して、1968 年にコングロマリットの ITT に買収され、ITT シェラトン・コーポレーションとなった。

　1995 年には、シェラトンよりも手頃な価格でサービスの提供を目指す中規模ホテルの「フォーポイント・バイ・シェラトン」も誕生した。なお、現在はマリオットにおける高価格帯の一角を占める「ラグジュアリー・コレクション」も、もともとはシェラトンで開発されたブランドである。

　余談ながら、シェラトンがブランド名になったのは、1939 年に買収したボストンのシェラトンホテルの屋上に、かなりの費用をかけて設置されたネオンサインがあり、ブランド名を他のものにするとこの撤去費用が発生してしまうためという説がある。

（4）ウェスティン

　ウェスティンは 1930 年に創業した。ニューヨークの「ザ・プラザ」やサン

フランシスコの「セント・フランシス」をラインナップに持っており，比較的高級なフル・サービスホテルとして名前が知れ渡っていた。しかし，1963年に上場してからは買収のターゲットにされることになる。実際，上場からそれほど経たない1970年にユナイテッド航空に買収された。

写真6－4　ウェスティンホテル淡路のロビー

　大きな転機は1980年代末のバブル絶頂期，1987年に中堅のゼネコンだった青木建設がウェスティンを買収したことである。これにより日本での展開が進んだが，1990年代にバブルが崩壊すると，青木建設はウェスティン株を手放さざるをえなくなり，その後1995年にスターウッドが一部を買収，1998年には全株を所有するに至っている。

　ウェスティンには，ヒルトンのザ・ウォルドルフ＝アストリアとならびニューヨークを代表する高級ホテルの1つだった「ザ・プラザ」が含まれていた。しかし，この間の混乱を経てプラザはその後迷走し，結局サービス・アパートメントを付帯して再スタートすることになる。

（5）W

　1998年12月，ニューヨークのマンハッタン，レキシントンアベニュー49丁目にあった「ドーラル・イン」を，「Wホテル」としてリニューアルオープンさせたのがWホテルの最初である。初期のWホテルは，スターウッド内の既存ホテルを改装してブランド転換したものが多かった。

　名前の由来はWhatever／Whenever（お望みの物を／お望みの時に）という

経営理念である。コンセプトを編み出したのは，スターウッドCEOスターンリヒト本人だったという。標的とする市場セグメントは，若いがそれなりに裕福で，かつデザインにこだわりを持つ個人客である。

このようにデザインにこだわる姿勢はハイアットが伝統的に重視してきたポイントであったが，スターウッドではWの出現によって，デザイン性に重点を置いた市場セグメントの取り込みに成功した。

（6）リッツ・カールトン

ホテル王として有名なセザール・リッツが，1898年にパリで開業した「オテル・リッツ」と翌1899年にロンドンで開業した「カールトン・ホテル」が，現在でも超高級ホテルの代名詞として有名な「リッツ・カールトン」の源流である。

リッツは米国でのホテル事業展開を目論み，1905年に「ザ・リッツ・カールトン・ホテルマネジメントカンパニー」を設立し，1907年にニューヨークに第1号ホテルをオープンさせた。しかし，1918年にセザール・リッツが死去したことや，その後の戦争の影響で，米国での事業は必ずしも成功とはいえなかった。

1927年，不動産事業を展開していたエドワード・ワイナーが商号使用許可権を獲得し，「ザ・リッツ・カールトン・ボストン」を開業した。なお，ここは2007年から「タージ・ホテルズ・リゾーツ＆パレス」の系列「タージ・ボストン」となった。

ワイナーの死後，ボストンの経営権は別の不動産会社を経営するジェラルド・W・ブレイクリーに譲渡された。時が経ち，1983年にボストンのホテルと全米でのザ・リッツ・カールトンの商号使用権が，アトランタで不動産事業を展開するウィリアム・B・ジョンソンに売却される。これをもとにジョンソンは「ザ・リッツ・カールトン・ホテル・カンパニー」を設立することになる。

これで立ち直ったリッツ・カールトンは，1995年から1998年にかけてマリオットの傘下に入り，同社の最高価格帯の1つとしてさらなる展開を果たしている。

We are Ladies and Gentlemen serving Ladies and Gentlemen のフレーズとともに，従業員全員が持つという「クレド」が有名である。

写真6－5　ザ・リッツ・カールトン大阪のエントランス

写真6－6　シャルク・ヴィレッジ＆スパ・バイ・リッツ・カールトン

（7）その他のブランド

　2005年11月に「ル・メリディアン」がスターウッドのブランドに加わった。メリディアンはもともと，1972年にフランスの航空会社エールフランスが設立したチェーンである。軒数は必ずしもそれほど多くなかったが，各国の一等地にやや規模の大きい施設を持っていた。

　「セントレジス」は，1904年（1902年説もあり）にニューヨークで大富豪アスター家の当主，ジョン・ジェイコブ・アスター四世が創業した高級ホテルを端緒

写真6－7　セントレジス大阪

とするブランドであり，1966年にシェラトンに買収された。その後，シェラトンの一ブランドとして，複数の施設を展開するようになる。

　前述した「ラグジュアリー・コレクション」はもともと，王侯貴族が所有していた歴史ある建物や，建物自体の美しさ，インテリアの豪華さなどに特徴のあるブランドであった。1994年にシェラトンがCIGA（Compagnia Italiana Grandi Alberghi）を買収したことによって，このブランドがスタートすることになった。その後は，高価格帯の一ブランドとなっている。

　「JWマリオット」は，同社創業者のイニシャルを冠した最高級ブランドであり，通常の「マリオット」とは一線を画している。

　「ブルガリ・ホテルズ＆リゾーツ」は，宝飾品ブランドで有名なブルガリとのコラボレーション・ブランドで，2001年にスタートした。2020年現在，ミラノ，バリ島，ロンドン，ドバイ，北京，上海，パリに開業しており，2023年には東京にも開業した。今後はローマ，マイアミビーチ，モルディブ，ロサンゼルスへの進出を予定している。

（8）マリオットのマーケティング

　2023年時点における同社のブランドは図表6-2のとおりである。

　スターウッドがシェラトンやウェスティンを買収して巨大なホテルチェーンとなった背景には，航空会社などで普及している会員制組織（フリークエント・フライヤーズ／ビジネス・プログラム）の拡大と充実が，顧客獲得への近道と結論づけたことにあった。顧客を獲得するためには世界中に自社のホテルが必要となり，そのためにもシェラトンとウェスティンの買収は不可欠だった。その延長上に，マリオットによるスターウッド買収があったといえる。

　多くのブランドを傘下に抱えている状況で，当然ブランドごとに対象市場セグメントは異なっている。価格帯のみならず，デザインにこだわったWホテルの存在など，細分化の変数は多岐にわたるようになってきつつある。

図表 6 − 2　2022 年におけるマリオットのブランド一覧

	クラシック	ディスティンクティブ
ラグジュアリー	The Ritz-Carlton St. Regis JW Marriott	Ritz-Carlton Reserve The Luxury Collec-tion W Hotels Edition
プレミアム	Marriott Sheraton Marriott Vacation Club Delta Hotels	Le Meridien Westin Renaissance Hotels Gaylord Hotels
セレクト	Courtyard by Marriott Four Point by Sheraton Springhill Suites Protea Hotels Fairfield by Marriott	AC Hotels aloft Moxy
長期滞在	Marriott Executive Apartments Residence Inn by Marriott Townplace Suites	Element Homes & Villas
コレクション	Autograph Collection Design Hotels Tribute Portfolio	

(注)　ブルガリは別扱いとなっているため，ここには掲載されない。
出典：徳江（2013）とマリオット HP（https://www.marriott.co.jp/：2022 年12 月 24 日アクセス）より。

4．インターコンチネンタル・ホテルズ・グループ

（1）インターコンチネンタルとホリデイ・イン

　かつて，米国一というより世界を代表する航空会社であった「パンナム」によって，1946 年に設立されたのがインターコンチネンタルのはじまりである。そもそもは，パンナムの乗客とクルーのための宿泊施設となることを目的としていたため，5 大陸のすべてにホテルを展開し，それが名称の由来となっている。

　米国における航空自由化ののち，パンナムは経営難に陥ってしまったため，1981 年にインターコンチネンタルをグランドメトロポリタン（現在のディアジォ）に売却した。さらに，1988 年には日本のセゾングループが 2,880 億円で買収するに至る。セゾングループは当時，西武百貨店や西友，ファミリーマート

写真6－8　ヨコハマ・グランド・
インターコンチネンタルホテル

などを擁する一大企業グループであった。「ヨコハマ・グランド・インターコンチネンタルホテル」（1991年開業）や「ホテルインターコンチネンタル東京ベイ」（1995年開業）が開業したのはセゾングループ傘下の頃である。

　バブル崩壊後のセゾングループの経営難により，今度は1998年に英国の大手ビール醸造会社のバスが3,654億円で買収することになった。バスはすでに，当時世界最大級の宿泊チェーンであった1951年創業の「ホリデイ・イン」を1988年に傘下に収めていたうえ，2000年にオセアニアを中心に展開していたサザン・パシフィック・ホテルズ・コーポレーションもグループの一員であり，「バス・ホテルズ＆リゾーツ」としてさらに成長することになる。

　その後，バスは本業であったビールに関する商標等の権利をベルギーの大手醸造企業に譲渡し，会社は「シックス・コンチネンツ」となった。そして，2004年にグループにおけるホテル部門，飲料部門，小売部門の分離に際して，インターコンチネンタル・ホテルズ・グループになったのである。

　2018年，「リージェント・ホテルズ＆リゾーツ」の過半の株式をフォルモサ・インターナショナル・ホテル・コーポレーションより買収し，チェーンの中のラグジュアリー・ブランドに位置づけた。そのため，かつて「リージェント香港」であった「インターコンチネンタル香港」は，2021年より再度「リージェント香港」となる（第7章「フォーシーズンズ・ホテルズ＆リゾーツ」も参照）。翌2019年には「シックス・センシズ」も買収している。

　わが国では2000年代以降，後述する全日空との提携以外に目立った話はなかったが，2013年6月にインターコンチネンタルホテル大阪が，大阪駅の近くにある大阪駅北地区のグランフロント大阪北館タワーCに開業した。215室のホテルと57室のサービスレジデンスと呼ばれる長期滞在向けのサービス・アパートメントを備えている。

（2）わが国における全日空グループとの連携

　全日本空輸は，自社航空旅客路線の就航地に全日空ホテルズというホテルを展開していた。ホテル事業は，1973年に設立した子会社の全日空エンタプライズが手がけていた。かつては日本国内だけでなく，就航地を中心として世界中に運営受託を軸としたチェーン展開を行っていたが，1990年代以降，特に海外のホテルに不採算の施設が多くなってしまった。そのため，1999年からの全日空の中期経営計画で，海外ホテル事業の縮小と，全日空エンタプライズに残された各ホテルの所有，経営を含む運営全般について，分割して別会社に移管させることになり，全日空エンタプライズは2003年9月に解散した。

　そして，2005年頃から全日空はホテル事業について他者への売却を検討するようになり，2006年に，全日空とIHGとの共同出資（IHG74％，ANA25％，その他1％）で，IHG・ANAホテルズグループジャパン合同会社（以下，「IHG・ANA」という）が誕生した。それまでの全日空のすべての直営ホテルとMC（マネジメント・コントラクト），FC（フランチャイズ・チェーン）ホテルの運営を引き継ぎ，同時に「ANAインターコンチネンタル」，「ANAクラウンプラザ」にリブランドされることになった。

　まず，2007年4月に「東京全日空ホテル」が「ANAインターコンチネンタルホテル東京」にリブランドされ，続いて「ストリングスホテル東京」が「ストリングスホテル東京インターコンチネンタル」にリブランドされた。また，「大阪全日空ホテル」や「金沢全日空ホテル」，「富山全日空ホテル」などはそれぞれ，「ANAクラウンプラザ」の名称でリブランドされた。

　前後して同2007年には，全日空が子会社を通じて直接的に近い形で経営されていた13ホテル（東京，ストリングス東京，成田，千歳，札幌，富山，金沢，大阪，広島，博多，万座ビーチホテル＆リゾート，沖縄ハーバービューホテル，石垣全日空ホテル＆リゾート）の不動産物件と経営会社が，モルガン・スタンレーに売却されることになった。売却金額2,813億円と報じられている。

　モルガン・スタンレーが買収した各ホテルを経営する企業は，モルガン・スタンレー系のパノラマ・ホスピタリティが新規に設立したパノラマ・ホテルズ・ワンとなったが，その後，パノラマ・ホテルズ・ワン，ホライズン・ホテルズ，セントラル・ホテルズの3社に分社化された。

　現在の関係するホテルの経営と運営については図表6-3を参照されたい。

図表6-3　旧全日空ホテルズの現状

ホテル名	経営会社	運営受託・支援	形態
札幌全日空ホテル	SH	IHG・ANA	MC
ANA クラウンプラザ千歳	HH		MC
釧路全日空ホテル	日本ホテルインベストメント	アビリタス・ホスピタリティ	FC
稚内全日空ホテル	稚内観光開発	IHG・ANA	MC
ANA ホリデイ・イン仙台	福田商会		MC
ANA クラウンプラザ成田	HH		MC
ANA インターコンチ東京	PHO		MC
ストリングスホテル東京 IC	SH		MC
ANA クラウンプラザ新潟	ホテル新潟		MC
ANA クラウンプラザ富山	HH		MC
ANA クラウンプラザ金沢			MC
ANA クラウンプラザ・グランコート名古屋	ホテルグランコート名古屋		FC
ANA クラウンプラザ京都	裕進観光		FC
ANA クラウンプラザ大阪	SH	IHG・ANA	MC
ANA クラウンプラザ神戸	新神戸 HD		MC
米子全日空ホテル	ホテルマネージメント米子		FC
岡山全日空ホテル	レイ	IHG・ANA	MC
ANA クラウンプラザ広島	HH		MC
ANA クラウンプラザ宇部	ユービーイーホテルズ		FC
松山全日空ホテル	松山総合開発		FC
ANA クラウンプラザ福岡	HH	IHG・ANA	MC
ANA クラウンプラザ長崎グラバーヒル	サボイシステム		FC
熊本全日空ホテルニュースカイ	ホテルニュースカイ		FC
ANA クラウンプラザ沖縄ハーバービュー	HH	IHG・ANA	MC
ANAIC 万座ビーチリゾート	PHO		MC
ANAIC 石垣リゾート			MC

※ IC：インターコンチネンタル，PHO：パノラマ・ホテルズ・ワン，HH：ホライズン・ホテルズ，
　SH：セントラル・ホテルズ，新神戸 HD：新神戸ホールディング，一部ホテル名は省略。
出典：各社資料などをもとに著者作成。

本図を子細に眺めると，宿泊施設の経営と運営の相違についてよく理解できよ
う。

（3）シックス・センシズ・リゾート＆スパ
　シックス・センシズは，もともとはインド系英国人のソヌ・シヴダサニとス
ウェーデン人トップモデルだったエヴァ・シヴダサニとがモナコで出会い，結
婚に至ったところから話がはじまる。子宝に恵まれなかった2人は，モルディ

ブの素晴らしさに感銘を受け，ここに 2 人の理想のリゾートを創り 2 人の記念とした。それが，1995 年にモルディブに開業した「ソネヴァ・フシ＆スパ」である。その後，アジア各地を中心にリゾートを開業していった。

　チェーンの特徴としては，エコロジーを前面に出しアメニティにいたるまで自然環境保護に配慮している点が挙げられよう。建材も可能な限り廃材を活用し，シャンプーやソープは詰め替えであり，ニュースレター類はリサイクル・ペーパーを用い，レストランで使う野菜・香草類はリゾート内で有機栽培している。カーボン・ニュートラルを実現したヴィラまで存在する。こうした功績が認められ，「グリーン・アワード」，「グリーン・リーフ・アワード」をモルディブ共和国から授与されてもいる。一方で他のリゾート同様，人的サービスには非常に力を入れている。

　2001 年に会社名を「シックス・センシズ・リゾート＆スパ」に変更した。モルディブの 2 軒の最高級リゾートとしての「ソネヴァ」のブランド以外に，客室数の少ない「エヴァソン・ハイダウェイ」と，やや大型の「エヴァソン・リゾート」を展開している。

　2012 年には，米国のペガサス・キャピタルに売却されることになった。しかし，ソネヴァのリゾートとブランドについては創業者がこれまでどおり経営していくことになり，ソヌとエヴァは，創業の施設であるモルディブの「ソネヴァ・フシ」と 2009 年に開業したタイの「ソネヴァ・キリ」，2016 年に開業したモルディブの「ソネヴァ・ジャニ」の 3 軒を経営している。

　一方，売却されたその他の施設であるが，モルディブのソネヴァ・ギリのみ

写真 6－9　シックスセンシズ・ニン・ヴァン・ベイの廃材で作られた家具や
　　　　　　ペーパー類

写真6－10　シックスセンシズ・ニン・ヴァン・ベイのメインプール

シンガポールの HPL ホテルズに買収され，「ギリ・ランカンフシ」と名称が変更されて営業している。それ以外は引き続きシックス・センシズ・リゾート＆スパとして「シックス・センシズ」のブランドに統一され，アジアを中心としつつヨーロッパ，中東，アフリカとさまざまに進出している。2019 年にインターコンチネンタルの傘下となった。

　その中の1つ，シックス・センシズ・ニン・ヴァン・ベイ（旧ブランドはエヴァソン・ハイダウェイ）は，ベトナムのニャチャン湾に 2004 年に開業した。ホーチミンから飛行機で1時間強の，近年，観光客が増加したニャチャンから，さらに船でのアクセスが必要で，日常からの逃避，自然との共生を強く打ち出している。

　全 53 室の客室はすべてプライベート・プール付きのヴィラであり，その広

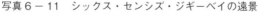

写真6－11　シックス・センシズ・ジギーベイの遠景

写真6−12　シックス・センシズ・ジギーベイのヴィラ

さは 154 ㎡〜 271 ㎡と非常に贅沢な設定となっている。一方で，客室の作りは一見非常に簡素で，外と中との境を意識させないような造りである。

　飲食施設はレストラン2軒とバー1軒のみであるが，敷地内の畑で無農薬栽培された野菜や香草がふんだんに用いられたベトナムを感じさせる料理の数々が並び，西洋とアジアとのフュージョン料理となっている。アクティビティには広大な敷地内でのサイクリングやヨガなどのほかに，サンセット・クルージングでは地元の漁師の漁の模様を見学することもできる。

（4）インターコンチネンタルのマーケティング

　同チェーンでは，最高級カテゴリーを「ラグジュアリー＆ライフスタイル」というテーマのもと，シックス・センシズとリージェント，そしてインターコンチネンタル，キンプトン，インディゴを位置づけ，高級ランクとして「プレミアム」にクラウンプラザなどを，一般的なホテルとして「エッセンシャル」に

図表6−4　インターコンチネンタルのブランド一覧

出典：同社 HP（https://www.ihg.com/，2022 年 12 月 24 日アクセス）。

ホリデイ・インなどを設定している。他にスイーツと長期滞在型の施設がある。

　余談ながら大変興味深いのは，インターコンチネンタルを取り巻くホテルチェーンは，インターコンチネンタル自身を含め，航空企業と酒類に関係する企業が多い。

5．ハイアット・ホテルズ＆リゾーツ

　同社の歴史は，1957年にハイアット・ハウスという名前のロサンゼルス国際空港近くのホテルを，シカゴの資産家であったプリッカー一族が買収したことからはじまる。1962年には，それまでに買収した数件のホテルを経営する会社としてハイアット・コーポレーションを設立した。

　ハイアットは，建築やデザインにこだわることが大きな特徴で，1967年に開業したハイアット・リージェンシー・アトランタは，最上階までの吹き抜けのアトリウムなどで話題になった。1969年にハイアット・リージェンシー香港が開業。米国，カナダ，カリブ海地域以外でホテルを運営するハイアット・インターナショナル・コーポレーションが設立された。

写真6－13　パークハイアット東京

図表6－5　ハイアットのブランド一覧

出典：同社HP（https://www.hyatt.com/ja-JP/home，2022年12月24日アクセス）。

現在，双方はシカゴを拠点とするグローバル・ハイアット・コーポレーションにより運営されている。

最上級クラスに，隠れ家的なコンセプトで小規模型のパークハイアットとやや大型のグランドハイアットの2ブランドを擁している点が特徴である。一般のタイプとしてはハイアット・リージェンシーが用いられる。最近は，他のチェーンの影響もあり，よりデザイン性を強調したアンダーズというブランドも展開されている。

6．アコー・ホテルズ

1967年，ポール・デュブリュールとジェラール・ペリソンが投資開発会社 Socieété d'Investissement et d'Exploitation Hôtelière（SIEH）を設立し，第一号のノボテルをフランスのリールに開業した。その後，ヨーロッパやアフリカを中心にチェーンの展開を推進していった。

規模が拡大したのは，2004年に「クラブメッド」の28.9％を取得し，筆頭株主に躍り出たのがポイントになっている（ただし，クラブメッドは2015年に中国のコングロマリットである「復星国際」に買収された）。さらに，2016年に「フェアモント・ラッフルズ・ホテルズ・インターナショナル」（FRHI）を買収し，同社株主であるカタール投資公司とキングダム・ホールディングがアコーの株主となり，飛躍的に軒数が増加した。また，同年にはバンヤンツリーとも資本・業務提携をしている（同社の詳細は，第8章を参照）。

フェアモント・ラッフルズは，4人のサーキーズ兄弟によるシンガポールの「ラッフルズ・ホテル」がその源流である。彼らはペルシャ（現在のイラン）からシンガポールへ移住したが，その頃，スエズ運河による英国とシンガポールを結ぶ航路において交通量が増加しており，それに伴う宿泊施設に対するニーズの拡大があった。

1884年，23歳だった次男のティグランがマレーシアのペナンに「イースタン・ホテル」を開業した。その後，2軒目の「オリエンタル・ホテル」を近隣に開業している。この両者が現在，ペナン島を代表する高級ホテルの「イースタン＆オリエンタル・ホテル」となっている。マレーシアには同ホテルを中心としたチェーンも存在する。

写真6−14　イースタン＆オリエンタル・
　　　　　　ホテル

写真6−15　ラッフルズ・ホテル

　このような流れが前提となり，兄弟がアラブの貿易事業家からシンガポール
の古いバンガローを譲り受け，1887年9月にシンガポールで開業したのが「ラ
ッフルズ・ホテル」である。1989年に一度閉館し，改装工事を経て1991年に
再開業を果たしている。

　その後，2002年に「スイスホテルズ＆リゾーツ」を約263億円で買収し，
一躍大規模なホテルチェーンとなった。しかし，それもつかの間，「キングダ
ム・ホテルズ・インターナショナル」に買収されることになった。

　キングダムはサウジアラビアのアル・ワリード王子所有の「キングダム・
ホールディング」と米国の投資会社である「コロニー・キャピタル」による合
弁企業である。2006年にはキングダムに買収された「フェアモント・ホテル
ズ＆リゾーツ」と合併し，「フェアモント・ラッフルズ・ホテルズ・インター
ナショナル」となった。なお，本社はカナダのトロントにある。

　そのフェアモントは，カナダ太平洋鉄道が設立した「カナディアン・パシフ
ィック・ホテルズ」が，1999年に米国サンフランシスコの名門である「フェア
モント・ホテル」を買収して誕生したものである。カナディアン・パシフィッ
ク・ホテルズは，カナダを代表するホテルであるバンクーバーの「ホテルバン
クーバー」，ビクトリアの「ジ・エンプレス」，他にも「シャトー・レイク・ルイー
ズ」，「バンフ・スプリングス」といった錚々たるホテルを傘下に持っていた。

　フェアモント・ホテルは，バミューダ諸島に1885年に開業した「ハミル
トン・プリンセス＆ビーチクラブ」（現在は閉鎖）がもっとも古いとされるが，
1907年に開業した「フェアモント・サンフランシスコ」が事業の基軸であった。

　結果としてフェアモント・ラッフルズは，英国ロンドンの「ザ・サボイ」，
米国ニューヨークの「ザ・プラザ」，サンフランシスコのフェアモント，シン

写真 6 － 16　ソフィテル・カサブランカ・トゥール・ブランシュのロビー

ガポールのラッフルズを頂点として，同ブランドをつけた高級ホテルと，スイ
ソテルのブランドでミッドプライスからアップスケール・クラスのホテルを展
開していた。

　その後，フェアモント・ラッフルズの株主は変転し，カタールの投資公社で
ある QD ホテル＆プロパティが筆頭株主となったのち，2016 年にアコー・グ
ループが買収した。

　2022 年現在，傘下には，ラッフルズ，フェアモント，ソフィテル，ノボテル，
メルキュール，スイソテル，M ギャラリー，プルマン，イビスといった 43 も
のブランドを擁しており，世界中に 4,000 以上の施設がある。ラグジュアリー
からバジェットまで，かなりの幅を持って展開している。例えば，価格帯でい
えば他のどのチェーンよりも幅があるといえるだろう。また，創業の経緯もあ
り，北米よりも欧州での展開が多いのも特徴である。

【主要参考文献】

Cunill, O. M.（2006）*The growth strategies of hotel chains. Best business practices by leading companies*, Routledge.

徳江順一郎（2023）「東京の高価格帯ホテルにおけるプロダクト・ミックスの変化」『観光学研究』第 22 号，東洋大学国際観光学部。

山口由美（2013）『アマン伝説』文藝春秋。

（徳江 順一郎）

第7章　ラグジュアリー・チェーン

1．ラグジュアリー・チェーンの概略

　本章では，主として最高価格帯のラグジュアリー・ホテルを中心に展開するチェーンについて説明する。過去には高級ホテルはチェーン化すべきではないといった言説も垣間見られたが，昨今はIT技術の発展や関連する理論研究の進歩もあり，多くの高価格帯ホテルがチェーン展開をするようになっている。

　前章で説明したメガ・チェーンにもラグジュアリー・ホテルのブランドは存在するが，ラグジュアリーを中心に展開するチェーンは，より個性が強いと考えられる。結果，いずれもその個性にマッチする客層を根強いファンとして抱えている。

　また，1990年代にアジアを中心として急速に広まったのが，客室数をおさえ，一室の専有面積は100㎡以上を確保し，大勢のスタッフによる手厚いサービス提供を実現した「スモール・ラグジュアリー」である。当初はアジアのリゾートが中心であったが，最近では都市部にも進出するようになっている。こちらも，大都市中心部にありながら，最低でも1室50㎡以上の占有面積を確保した施設を展開している。

　スモール・ラグジュアリーはいずれも創業者の個性がきわめて強く，その存在がそれぞれのチェーンを確立したといっても過言ではない。現在のメガ・チェーンにも初期は同様に創業者の個性が強かったところも多いが，最近では多くのブランドが傘下に抱えられるようになったこともあり，その存在感もかなり薄まってきている。

　宿泊産業においては，そのような人間の存在が非常に重要であることを，スモール・ラグジュアリーのチェーンを通じて再確認することができよう。

2. ザ・ペニンシュラ・ホテルズ

2007（平成19）年9月，かつて日活国際ホテルが営業していた場所に「ザ・ペニンシュラ東京」が開業した。47室のスイートルームを含む314室の客室は，標準的な客室で54 ㎡の広さがある。最高級のペニンシュラ・スイートは350 ㎡近くもある。

同ホテルを経営・運営しているのは1866年創業の「香港上海大酒店有限公司／香港上海ホテルズ／The Hongkong and Shanghai Hotels, Limited」で，その大株主が過半数近くの株を保有するカドゥーリ一族である。香港の最高級ホテルである「ザ・ペニンシュラ香港」を所有・経営・運営する同社は，香港証券取引所に最初に上場した企業の1つでもある。

1866年，スコットランド人のダグラス・ラプライク，英国人のボズマン，ドイツ人のグスタフ・オヴェルベックらにより「香港ホテル」社（のちの「香港ホテルズ」社）が設立され，同年中に「オリエンタル・ホテル」と隣接地を買収した。1868年に「香港ホテル」が開業し，1886年には5階建てのノース・ウィングを増築するなどしている。

一方，イラクのバクダッド生まれのエリス，エリーのカドゥーリ兄弟は1880年上海に赴き，さまざまなビジネスを手がけつつ，多くのホテルに投資

写真7－1，7－2　ザ・ペニンシュラ東京とザ・ペニンシュラ香港

出典：以下，本章内の写真は著者撮影。

した。1890年に香港ホテルズ株の25％を購入し，経営に参画するようになった。

　1922年，香港ホテルズは「上海ホテルズ」社の85％の株を購入，1923年には「香港上海ホテルズ」となった。同社は，香港ホテル，香港の「レパルス・ベイ・ホテル」以外にも上海の「パレスホテル」，北京の「ザ・グランドホテル・デ・ワゴン・リ」の運営にかかわり，1924年には上海に「ザ・マジェスティック・ホテル」を開業した。

　1928年12月，軍の干渉などのさまざまな苦難を経つつ，「スエズ運河以東で最高のホテル」というスローガンのもと，「ザ・ペニンシュラ香港」が開業した。開業当時の客室数は250室，その頃はまだ珍しかった全室バス・トイレ付きであり，スローガンをまさに体現したものであった。1994年には30階建てのタワーウィングも新設され，有名なロールスロイスによる送迎に加えてヘリコプター送迎も開始された。

　本館1階と2階にロビーとレストラン，ショッピングアーケードなどが設けられ，3階以上が客室として使用されている。また，タワーの上層部は客室となっているが，下層階は一部が賃貸オフィスとして使用されている。現在の客室数は300室で，一番狭い客室でも約41㎡の広さを確保している。

　第二次世界大戦の前後に他のホテルの多くは同社を離れ，香港を軸としたビジネスとなっていた。しかし，香港の返還にあたりチェーン展開を加速させた。2020年現在では香港の他に，マニラ（1976年開業，497室），ニューヨーク（1988年開業，339室），北京（1989年開業，525室），ビバリー・ヒルズ（1991年開業，196室），バンコク（1998年開業，370室），シカゴ（2001年開業，339室），東京（2007年開業，314室），上海（2009年開業，250室），パリ（2014年開業，200室），イスタンブール（2023年開業，177室）で，いずれも「ザ・ペニンシュラ」のブランドで統一してホテルを展開している。他にも，ロンドン，ヤンゴンにも開業予定である。また，昔からつながりのある「レパルス・ベイ・ホテル」は現在も関係しているほか，香港の観光名所であるピーク・トラムやピーク・タワーの経営にもかかわっている。

　1980年代後半以降，進出のペースがアップしているが，それでも全世界で11軒しかないというのは，知名度の高さからすれば少ないといえよう。ただ，ほとんどのホテルに過半数の出資を行っており，可能な限り土地や建物の所有

写真7−3　ザ・ペニンシュラ・パリ

写真7−4，7−5　ザ・ペニンシュラ・パリのロビー，エントランス

を目指すことも特徴的である。実は同社は，1990年代にリゾートにも進出したことがある。残念ながらこれは成功したとはいえなかったため，早々に撤退した。その後は各国の首都クラスの都市のみに進出している。

　ザ・ペニンシュラならではの特徴は，他に次のようなものがある。

　いずれのホテルのエントランスにも，両脇に2匹の獅子像が置かれている。また，正面玄関の回転扉は手動であり，1人1人お客様が来るたびにページボーイ／ページガールが回してゲストを迎えている。東京では開業当初，正面だけでなく丸の内仲通り側のエントランス（つまり裏口）でもこれをやっていた。そして，香港のタワーのように一部例外もあるが，建物丸ごとホテルとして使うことが基本となっている。

　同社のモットーには，「ファミリー」というキーワードが頻出する。実際にザ・ペニンシュラ東京においては，こんなモットーが掲げられている。

　「ザ・ペニンシュラ東京ファミリーは，思いやりと多様性と団結力を持ち，そして楽しみながら人々に対して情熱を注ぎます」

　つまり，スタッフそれぞれが「ファミリーの一員」としての誇りを持ちつつ，

時には叱咤激励しながらお互いを思いやる「家族的な雰囲気」が特徴である。その結果，顧客に対しても家族のように温かくお迎えするということにつながっている。

実際，タワー増築時に一時的にクローズした際や，2003年のSARS危機で香港のホテルが深刻な状況に陥った際も，ザ・ペニンシュラ香港では従業員の解雇がなされなかった。特にSARS危機の時は，逆に従業員側から給料の1割カットの申し出があったという話がある。

東京の開業前には，従業員の家族を招いたり，宴会場で制服をお披露目するファッションショーを開催し，各部署の制服を着た幹部たちが，特別に設けられたランウェイを歩いたりした。その中には当時GM（総支配人）だったマルコム・トンプソン氏も含まれていたという。

また，東京の開業に当たって，「ペニンシュラ・アンバサダー」として20人のスタッフを香港とバンコクのペニンシュラに1年近く派遣し研修をしている。このようなシステムは他のホテルチェーンにおいてはなかなか見ることができない，きわめて手厚いものである。

その後の従業員教育においても，ペニンシュラのスタッフとしての価値観を持ってもらったり，自覚をうながしたりするための要素や，語学教育のためのプログラムもあるなど，非常に充実したものになっている。

日本企業における「家族的」という方向性の志向は，家父長制度に基づいた社長を頂点とする支配と従属の関係を基本としたものが多かったように思われる。しかし，ペニンシュラでのそれはまさに「ファミリー」であり，世界的に

写真7－6，7－7　ザ・ペニンシュラ・バンコクとマニラのロビー

通じる価値観であったのかもしれない。

　ザ・ペニンシュラ東京の初代GM, マルコム・トンプソン氏はしばしばロビーに現れていたが, 従業員たちは気軽に声をかけてコミュニケーションを取っていた。その姿は, 旧来のわが国の威厳ある「親父」ではなく, まさに親しみのある「パパ」という存在感がふさわしい。こうした雰囲気を共有していることが, 全世界に進出しても, いずれの都市でも変わらぬ評価につながっている大きな理由ではないだろうか。

　われわれが一般に思うところの「外資系高級ホテル」というイメージは,「実力主義」や「突然の首切り」などに代表されるような, 非常にドライで厳しいものが多いが, この点で同社は他とは大きく異なっている。一方で, 実力のあるスタッフの昇進は早く, 若いGMも誕生している。

　例えば, レイニー・チャン氏は1994年にザ・ペニンシュラ香港に入社, フロント・マネージャーを経験し, シカゴ, ニューヨークを経て香港に戻ったのち, 2004年に30代でザ・ペニンシュラ・バンコクのGMに就任, 2007年まで務めた。2007年には本丸のザ・ペニンシュラ香港のGMに就任し, 2010年からは香港とタイを統括している。

　そして, こうした各ホテルGMのようなスターだけではなく, 現場にも2代, 3代にわたって働く従業員がおり, それぞれが名物スタッフとなっていることにも, 同社の組織に対するスタンスが垣間見えるだろう。この空気感が, まさにファミリーなのである。

　香港という多様性のある土地でつちかわれた世界最高のホスピタリティ・マネジメント力は, このような「ファミリー」という意外と「泥臭い」要素がポイントとなっている。ただしそれは, 自国にのみ通じる「家族観」ではなく, 世界にも通じるものであった。

3．マンダリン・オリエンタル・ホテルグループ

　英国出身のウィリアム・ジャーディンとジェームス・マセソンによって1832年に中国の広州で設立され, その後1841年に香港へ移転した「ジャーディン・マセソン」が親会社である。同社はアヘン戦争の際に, 中国へのアヘンの輸出と英国への茶の輸出で巨額の利益を得たことでも有名である。現在は貿

写真7－8, 7－9　マンダリン・オリエンタル香港とクアラルンプール

写真7－10, 7－11　マンダリン・オリエンタル・バンコクの外観とロビー

易に加えて，不動産，保険，自動車，小売販売などを事業展開している。

　同社は1963年，「ザ・マンダリン香港」を開業した。そして1974年にマンダリン・インターナショナル・ホテルズを設立し，タイのバンコクで1876年に開業後，ずっと最高級と謳われ続けていた「ジ・オリエンタル」を傘下に加える。1985年にはマンダリン・オリエンタル・ホテル・グループに名称を変更した。2つの国にまたがる2つのホテルをフラッグシップとするチェーン名となったのである。

　ペニンシュラ同様，1980年代後半から世界展開をスタートさせ，1987年には米国に初進出（サンフランシスコ），1990年代半ばにはロンドンにも開業させている。2000年に「ラファエル・グループ」を買収し，一挙にニューヨーク

写真 7 － 12　エミレーツ・パレス

やミュンヘン，ジュネーブなどに立地する 6 軒のラグジュアリー・ホテルがチェーンに加わった。その中には，「リッツ・マドリード」も含まれている（現在は，「マンダリン・オリエンタル・リッツ・マドリード」となっている）。

　日本では 2005（平成 17）年，日本橋三井タワー内に「マンダリン・オリエンタル東京」が開業している。本社の子会社によるリース型の経営である。

　なお，2020 年には，アブダビ政府が所有する超高級ホテルである「エミレーツ・パレス」の運営も受託した。

　2022 年現在，アジアを中心に欧州，北米，中東，アフリカに 35 軒のホテルを展開している。ほぼすべてがマンダリン・オリエンタルのブランドを冠したラグジュアリー・クラスのホテルとなっている。

4．シャングリ・ラ・ホテルズ＆リゾーツ

　もともとはマレーシア出身の中国系企業家ロバート・クオック（郭鶴年）が 1971 年にシンガポールにホテルをオープンさせたのが「シャングリ・ラ」のはじまりである。

　本拠地ともいえる香港には，1981 年開業の「カオルーン・シャングリ・ラ香港」と 1991 年開業の「アイランド・シャングリ・ラ香港」がある。かつての香港「御三家」はペニンシュラ，マンダリン，リージェントといわれていたが，リージェントがフォーシーズンズとの合併を経てインターコンチネンタルとなったこともあり，近年ではシャングリ・ラがその 1 つに数えられることも

多い。

　シャングリ・ラのブランドが付けられたいずれの施設も，都市の中心部にあっても，リゾートのテイストが加味されていることが多いことが特徴である。

　また，他のラグジュアリー・チェーンが進出していないマレーシアのペナン島やコタキナバル，フィリピンのセブ島や周辺の島々など，アジアに幅広い独自のネットワークを構築しているのも特徴的である。

　東京には2009（平成21）年に開業した。丸の内トラストタワーの上層階に200室を擁している。本社の子会社によるリース型の経営である。

　ブランドとしてはラグジュアリー・クラスのラインナップとしてのシャングリ・ラ以外にも，やや廉価版の「トレーダーズ」，さらに低価格帯の「ケリーホテル」，「ホテル・ジェン」というブランドを展開している。この点は，同じ香港拠点のペニンシュラやマンダリン・オリエンタルとは異なる戦略であるといえるだろう。

写真7－13，7－14　カオルーン・シャングリ・ラの外観とロビー

写真7－15　シャングリ・ラ・マクタン・
　　　　　　リゾート＆スパ（フィリピン）

写真7－16　シャングリ・ラ・カリヤト・
　　　　　　アル・ベリ（アブダビ）

5．フォーシーズンズ・ホテルズ＆リゾーツ

　1961年，カナダ・トロントの小さなモーターインとして開業したのがはじまりである。カナダに本拠地のある数少ない世界的ホテルチェーンといえる。

　創業者のイサドア・シャープは，父親が建築家で，16歳までの間に55軒もの家に住んだという経歴を持っている。建築学の学位を取得後，1959年に独立した。ホテルのサービスに日頃から不満を持っていたため，ならば自分で作ってしまおうと思いたち，ホテルの創業に至ったという。

　1970年代，「最高級の中規模ホテルの開発」を経営方針にしてから成長を続け，1992（平成4）年には日本でも藤田観光と提携し，「フォーシーズンズホテル椿山荘東京」（2012（平成24）年末で藤田観光との提携は解消し，現在は「ホテル椿山荘東京」となっている）として初進出を果たした。同年には「アマンリゾーツ」の創業者エイドリアン・ゼッカもかかわった「リージェント・インターナショナル」を買収し，「フォーシーズンズ・リージェント・ホテルズ＆リゾーツ」となったが，1997年には「カールソン・ホスピタリティ・ワールドワイド」にリージェントの新規ホテルに関するブランドネームの権利を譲渡し，現在の社名となった。既存のリージェントは，順次フォーシーズンズに名称が変更されている。なお，その後に新規開業したリージェントは，2010年に台湾の「フォルモサ・インターナショナル・ホテル・コーポレーション」に売却され，さらにフォルモサは2018年，リージェントをインターコンチネンタルに売却した。

　2002（平成14）年10月に，東京駅八重洲口近くのパシフィック・センチュリー・プレイス内に，香港に本拠地のあるパシフィック・センチュリー・グループとのMC契約で，「フォーシーズンズホテル丸の内東京」を開業した。

　2016（平成28）年にはマレーシアに本拠地のあるベルジャヤ・グループとのMC契約で「フォーシーズンズホテル京都」が開業し，2020（令和2）年には三井不動産リゾートマネジメントとの提携により「フォーシーズンズホテル東京大手町」も開業した。沖縄でも計画が進行中である。

　フォーシーズンズのロゴマークは木の葉であるが，これ自体が四季を表現している。右上が春，左上が夏，右下が秋，左下が冬である。基本的には単一ブ

写真7－17, 7－18 フォーシーズンズホテル丸の内東京のエントランスとラウンジ

写真7 19, 7－20 フォーシーズンズホテル東京大手町のパノラマ・スイートとテラス

ランドでの展開となっている。

　なお，同社は創業者の方針もあり，社会活動に熱心であることも有名である。

6. ドーチェスター・コレクション

　ロンドンの「ザ・ドーチェスター」，ロサンゼルスの「ビバリーヒルズ・ホテル」，パリの「ル・ムーリス」と「オテル・プラザ・アテネ」，ミラノの「プリンチペ・ディ・サヴォイア」といった各国各都市の錚々たるホテルを揃えているのがこのチェーンである。もともとはブルネイ投資庁が買収したホテル事業を統括するため，2006年にドーチェスター・グループとして上記5軒で発足し，その後ロサンゼルス近郊の「ベルエア」，ジュネーブの「ル・リッシュモン」，ロンドンの「45パーク・ストリート・ホテル」，ローマの「ホテル・エデン」などの超高級ホテルが加わった。

　通常であれば提携関係で結ばれるようなクラスの，その都市を代表するホテルを，基本的には所有する形でチェーン化したところにこのコレクションの特

写真 7 − 21, 7 − 22　ル・ムーリスのエントランスとファサード

徴がある。

　また，いずれのホテルでも料理に大変なこだわりを持っていることも大きな
ポイントであろう。例えば，パリのムーリスは1835年に開業したというパリ
でもかなり古い歴史を持つホテルであり，メインダイニングのル・ムーリスで
はヤニック・アレノがシェフを務めている。彼は就任後5ヶ月でミシュラン2
つ星に昇格させた人材である。一方，オテル・プラザ・アテネではミシュラン
の3つ星シェフであるアラン・デュカスがエグゼクティブ・シェフになってい
る。

　2028年には東京にも進出予定であり，日本最高層となる「Torch Tower
（トーチタワー）」の53階から58階に入居する。

7．ジュメイラ・グループ

　躍進著しい中東のアラブ首長国連邦を構成するドバイ首長国に本拠地を構え
るのがジュメイラ・グループである。ドバイの首長であるムハンマド・ビン＝
ラーシド・アール＝マクトゥーム氏が最高経営責任者を務めるドバイ・ホール
ディングスの傘下企業として，ホテルを経営している。

　1997年に設立され，同年「ジュメイラ・ビーチ・ホテル」を開業している。
同社の名前を世界にとどろかせたのは，1999年に開業した「ブルジュ・アル・
アラブ」だろう。完成時はホテルの建築物としての高さも世界一であったが，
宿泊費も世界一クラスであったからである。

その後，2000年に「ジュメイラ・エミレーツ・タワーズ」，2003年に「マディナ・ジュメイラ」を開業した。マディナ・ジュメイラの中には，「アル・カサル」，「ミナ・アッサラム」，「ダル・アル・マシャフ」という3つのホテルが含まれている。一時は砂漠の中のデザート・リゾートの運営受託も行っていた。

世界展開にも前向きで，中東を中心に中国，モルディブといったアジア圏から，英国，イタリア，ドイツといった欧州まで展開している。

写真7－23　マディナ・ジュメイラからみたブルジュ・アル・アラブ

YouTubeなどに掲載するための動画作成に熱心であり，物語仕立てで世界中のチェーンホテルを紹介するなどしているのは興味深い。

8．タージ・ホテルズ・リゾーツ＆パレス

インドを拠点とするチェーンである。1903年に創設された。TATA財閥が所有している。

インド国内では宮殿ホテルの「タージ・ラグジュアリー・ホテル」とシティホテルの「タージ・ビジネス・ホテル」があり，他に「タージ・リゾート・ホテル」と高原エリアに立地する「タージ・ガーデン・リトリート」がある。

この中でもパレスがつくのは最上級であり，ムンバイの「タージ・マハール・パレス＆タワー」や，湖水に浮かぶウダイプールの「タージ・レイク・パレス」などは，歴史的建造物ともいえるものである。特に後者は，1754年にメーワール王国のシンⅡ世によって建設された，ピチョーラ湖に浮かぶ夏の王宮だったという。

このチェーンが大きな話題となったのは，2005年6月，ニューヨークの「ザ・ピエール」を買収したことであろう。その後，3,500万＄をかけてリニューアルした。

近年は「ヴィヴァンタ」などの新ブランドを創り，マルチブランド化を進めている。

9. カーズナー・インターナショナル

創業者のソル・カーズナーは，南アフリカのヨハネスブルクにロシアから移住した両親のもとに生まれた。同国のダーバンにあった大手会計事務所での勤務を経て，1960 年にダーバンの「パレスホテル」を手に入れたことからリゾートの開発事業へと転身した。

彼は「サザン・サン・ホテルズ」と「サン・インターナショナル」を創設し，ダーバン初の5つ星ホテルである「ビバリーヒルズ・ホテル」を開業するなど，国内中心に開発を行ったあと，モーリシャスに最高級リゾートの「ル・サンジェラン」を開業するなどし，ゴルフやカジノなどを含め，南アフリカやモーリシャスにおける観光のけん引役となっていった。

1994 年にカリブ海バハマの「パラダイス・アイランド・リゾート」を購入し，2,300 室のリゾートにカジノや海洋施設などを備えた，カリブ最大の総合リゾートとして「アトランティス・パラダイス・アイランド」を開発した。現在は 3,000 室以上の客室数を誇る。

2008 年にはドバイの人工島である「ザ・パーム」にも 1,500 室を超える巨大ホテル，「アトランティス・ザ・パーム」を建設した。アトランティスは他に海南島にもあり，ハワイにも開業予定である。

写真7－24, 7－25　アトランティス・ザ・パームとワン＆オンリー・ロイヤル・ミラージュ

一方，2002年に「ワン＆オンリー・リゾーツ」を立ち上げ，「マガザン」というリゾート・ブランドも有している。

ワン＆オンリーの施設は，すべてにおいて最高級であることを目指しており，バハマ，ドバイ，モルディブ，モーリシャス，メキシコ，南アフリカなどに進出している。

なお，創業者のカーズナー氏は2020年に亡くなっている。

10.　ローズウッド

1979年，テキサス州ダラスにおいて，石油王ハロルドソン・ラファイエット・ハントJrの娘であるキャロライン・ローズ・ハントによって設立され，翌1980年にもともとは邸宅であった建物を改装して，現在の「ザ・マンション・オン・タートル・クリーク」を開業させたのがローズウッドのはじまりである。その後，少しずつ施設を増やしていたが，2011年に香港を中心に事業展開する「周大福」の子会社である「ニューワールド・ホスピ

写真7－26　オテル・ド・クリヨンのエントランス

タリティ」が買収し，同社自体が2013年に「ローズウッド・ホテルズ＆リゾーツ」となった。

ニューヨークの「ザ・カーライル」，パリの「オテル・ド・クリヨン」といった施設が傘下にあることからもうかがえるように，かなりの高価格帯施設が揃っている。

2023年現在，全世界で30以上の施設を展開しており，日本でもかつて「ホテル西洋銀座」を運営していたが撤退，新たに2024年に宮古島で開業予定である。

11. アマンリゾーツ

(1) 概 要

　スモール・ラグジュアリーの嚆矢であり，世界の超高級リゾートの代名詞となっているのがこの「アマンリゾーツ」である。

　創業者のエイドリアン・ゼッカ氏は，インドネシアの裕福な家庭に生まれたが，政変が生じたのち同国を離れた。シンガポールなどでジャーナリストや出版業で成功した後，香港のかつての「御三家」の1つ，「リージェント香港」（現在の「インターコンチネンタル香港」，近く再度名称が戻る予定）を擁する「リージェント・インターナショナル」に財務担当の役員としてかかわった。「ザ・ペニンシュラ・バンコク」となるはずだったホテルを「リージェント・バンコク」として開業させたことは有名である。ここはその後，フォーシーズンズホテルによるリージェントの買収に伴い「フォーシーズンズホテル・バンコク」を経て，現在は「アナンタラ・サイアム・バンコク」となっている。

　こうした経験を活かして，1988年，タイのプーケットに「アマンプリ」を開業させたのがアマンリゾーツの第一歩である。そもそもリゾートとして開業するつもりではなく，別荘の適地を探していたが，自身が使っていないときはリゾートに，というコンセプトからスタートした。当初の客室数はわずか30室で，すべてが独立したヴィラ形式となっており，各ヴィラが115㎡もの広さを誇っていた。いずれも，既存のリゾートの常識からはかけ離れたものであった。

　同年，タヒチのボラボラ島に位置する「ホテル・ボラボラ」の運営を受託したのち，1989年にはバリ島のウブドに「アマンダリ」，1992年同じくバリ島のヌサドゥワに「アマヌサ」，チャンディ・ダサに「アマンキラ」と立て続けに開業した。同時にフランスにはスキーリゾートの「ル・メレザン」を開業している。翌1993年にはインドネシアにあるモヨ島にテント・リゾートの「アマンワナ」，フィリピンのパマリカン島に「アマンプロ」も開業し，創業からわずか5年で一気にアジアを中心として7軒もの展開を果たし，順調に成長を続けた。

　ところが，その後に一大転機が訪れる。1996年に米国の投資会社である「コ

ロニー・キャピタル」が大株主になったのである。アマンの63％は持株会社の保有で，さらにその株をゼッカ氏は10％のみ所有し，残りの90％はゼッカ氏の友人のクルメント・ヴァトゥリ氏が所有していた。ヴァトゥリ氏は，資金調達のためにコロニーから資金調達をする担保に，アマンの株を差し出した。

　当初コロニーは「物言わぬ株主」であったが，1998年にアジア金融危機が発生すると，1997年に開業した「アマンジオ」の不振もあり，大株主のコロニーは，自社所有の他のホテルにもアマンのブランドを付与するよう要求し，ゼッカ氏と対立することになった。結果としてゼッカ氏はアマンを離れざるをえなくなってしまった。

　しかし，周囲が放っておくわけもなく，2年後の2000年にゼッカ氏はアマンの会長に復帰することになる。ただ，その前後に自身の新しいホテル・ブランドとして「マーハリゾーツ」を設立し，メキシコに1軒，「マハクア」の開業にこぎつけている。

　2014年には，ロシア人の大富豪であるウラジミール・ドローニン氏が株式の大半を取得した。同年に同社初の都市型ホテルである「アマン東京」が大手町に開業し，2016年には三重県に「アマネム」が，2019年には京都府に「アマン京都」がそれぞれオープンした。

写真7－27　アマン東京のロビー

（2）施設の特徴

　アマンリゾーツには，全体を貫くコンセプトのようなものはない。あえていえば，それぞれの土地の空気感：Sense of Place を具現化しようとしているこ

とである。建築様式や内装といったハード面から，ウェルカム・セレモニーや
BGM といったソフト面に至るまで，可能な限り周辺の環境を取り入れている
ところがポイントになる。

アマンの創業はプーケットであるが，その名を世界に広めたのは，1989 年
から 1992 年にかけて 3 軒開業したバリ島の施設であろう。チェーン展開の初
期に，同じ島内でほぼ同時期に 3 軒も開業するというのは，それまでの常識で
はありえなかった。逆にいえば，当初のアマン：ゼッカ氏は，それだけバリ島
を重視していたことになる。

バリ島の内陸部にあるウブドに 1989 年に開業したのが「アマンダリ」であ
る。わずか 30 室しかないが，いずれも独立したヴィラ形式で，どのヴィラか
らもライステラスが望める。

ウブドはさまざまな芸術，踊りなどの文化的観光資源があり，ここでもそれ
を，色々な場面で活用している。子供たちが踊りの練習をしていたりすると，
なんとも微笑ましい気分になる。

現在のウブドは他にも類似の施設が増えているが，このように地元の伝統文
化なども取り入れた施設としては，アマンダリが嚆矢であろう。

1992 年，チャンディ・ダサ地区に開業したのが「アマンキラ」である。バ
リ島で海を主軸にしたリゾートはほとんどがクタ，レギャン，ヌサ・ドゥア，
ジンバランといった，空港から比較的近い立地であったのに対して，自動車で
1 時間以上のアクセスという，当時としてはきわめて異質のリゾートであった。

しかし，この場所自体は海を前にした起伏に富んだ立地であり，そのために
敷地内も他のヴィラを気にせずゆっくりと過ごせるようになっている。メイン
プールはライステラスにモチーフを取った 3 段プールであり，さまざまなメデ

写真 7 - 28, 7 - 29　アマンダリのメインプールと踊りを練習する子供たち

写真7－30　アマンキラのメインプール

ィアで紹介された。

　同じバリ島内であるため，共通項もあるが，一方で，それぞれが立地する場所に合わせた相違も垣間見られる。そのため，両施設を「ハシゴ」する顧客も多いという。

　なお，アマンキラには，岬を挟んだ場所に，別途メインプールがついているビーチクラブも存在する。こちらでは，マリンスポーツも存分に楽しめるようになっており，海に来たことを十分に意識してもらえるようになっている。もちろんここでも本格的な食事を楽しむことが可能である。

12. バンヤンツリー・ホテルズ＆リゾーツ

（1）概　要

　香港在住だったホー・クオン・ピン氏と妻のクレアー・チャン氏が，1994年にタイのプーケットにオープンしたのがはじまりである。ここはもともと，不動産開発のために購入した，かつては鉱山だったボロボロの土地であった。そのため，汚染された土壌の回復に大変な苦労をし，やっといくつかのホテルを誘致することができたが，プーケットという土地柄，海から離れた場所は買い手がつかなかった。

　そこで彼らは，すべてのヴィラにプライベート・プールを設置した直営のリゾートを開業することにした。2人は，若い頃に新婚生活をスタートさせたラマ島のバンヤンツリー湾が汚染されるのを目にしていたため，エコロジー精神

を実践したリゾートとして，「バンヤンツリー・プーケット」を1994年に開業するに至った。

　アジア各地のさまざまなスタイルのスパ・リラクゼーションを，天然素材のオイルを用いて提供することで評判となり，リゾートにスパを定着させる嚆矢になった。他のリゾートがまだあまり進出していなかった時代に，アラブ首長国連邦や中国に進出したことも特徴で，中国では世界遺産の街である麗江と香格里拉とに，かなり早い段階で進出している。

　現在は，フラッグシップとなる「バンヤンツリー」以外にも，「アンサナ」，「カッシーア」，「ダーワ」，「Homm」，「ギャリア」の各ブランドを傘下に置いている。バンヤンツリーは基本的に全室プール付きのヴィラ，アンサナはやや廉価でファミリー向け，カッシーアはさらに気軽な雰囲気，ダーワは長期滞在も視野に入れている。

　日本では，2022年に「ギャリア・二条城 京都」と「ダーワ・悠洛 京都」を同時に開業したほか，2024年には同じく京都に，同社初となる温泉付きのリゾート，「バンヤンツリー東山・京都」を開業予定である。

（2）施設の特徴

　客室内のインテリアは基本的に，いずれの施設も中国風のテイストが加味されたものとなっており，類似している。とはいえ，やはりその土地の特色をなんらかの形で取り入れようとしている点はアマンリゾーツとも共通している。また，スパをリゾートに定着させた嚆矢ということもあり，スパには非常に注力している。水の力を利用したさまざまな施術が可能な，ハイドロ・セラピーを設置している施設もある。

　前述したように，プールには強いこだわりを持っており，その頂点が，プーケットにある「ダブルプールヴィラ」である。1棟のヴィラに，2つも専用のプールを設けた施設であり，バンヤンツリーのプールに対する思いの強さを垣間見る思いである。

　こうした，「いかにもリゾート」という施設の他にも，文化的な観光資源の近隣に立地している施設にも興味深いものが存在する。

　中国・麗江の街並みは水路に囲まれた美しさで有名で，世界遺産にもなっている。2006年に開業したバンヤンツリーも各ヴィラの周囲に水路をめぐらし

写真7－31, 7－32　プーケットのダブルプールヴィラのメインプールとプランジプール

写真7－33, 7－34　バンヤンツリー麗江の敷地内とヴィラ

て，その空気感を再構成している。さらにヴィラの建築にも麗江の特徴である瓦が多用され，やはりその土地の意匠が取り入れられている。

　ヴィラは非常に広い占有面積を誇り，専用の庭もある。さすがのバンヤンツリーも，ここは標高2,400mの高地であるため気温が低く，プライベート・プールではなくプライベート・ジャグジーがついている。

　もう1つ，興味深い立地の施設は，雲南省の香格里拉に近い仁安にある。ここはチベットの「文脈」をハード・ソフトの両面にわたって最大限に表現しようとしている。建築はもちろんチベット独特のもので，レストランで提供されるHot Potもチベット料理がベースとなっている。現地採用の従業員たちは，チベット語を日常的に会話に用いている。さらに電力事情の問題もあり，しばしば停電もしてしまう。加えて，標高3,300mとかなりの高地にあるため，各ヴィラには酸素ボンベも用意されている。

　アクティビティは場所柄トレッキングが中心となる。しかし，古き良き田舎の風景の中を，水牛やヤギ，馬がゆっくり歩くのを眺めながらのトレッキング

写真 7 - 35　バンヤンツリー仁安のヴィラ

は，他ではなかなか味わえない。もちろんチベット文化に触れるためのツアー
も用意されている。

　この，中国の2つのバンヤンツリーは，どちらもなるべくその土地の「文脈」
を表現しようとしている点は共通している。さらに従業員はほとんど現地の人
間であるため，あまり英語が堪能でないスタッフも多いのであるが，彼らはそ
れをホスピタリティ精神で補って，精一杯，顧客に楽しんでもらおうとしてい
る。

　なお，バンヤンツリーはシンガポール証券取引所に上場しているが，2016
年にはアコー・ホテルズと提携を結び，2,400億シンガポールドル（当時のレー
トで約19億円）の出資を受けている。

主要参考文献
徳江順一郎（2021）『アマンリゾーツとバンヤンツリーのホスピタリティ・イノベーシ
　ョン』創成社。
山口由美（2013）『アマン伝説』文藝春秋。
山口規子（2007）『メイキング・オブ・ザ・ペニンシュラ東京』文藝春秋。

（徳江 順一郎）

第8章　その他の世界的チェーン

1．コモ・ホテルズ＆リゾーツ

　珍しい名前のホテルチェーンだが，実質的なオーナーのクリスティーナ・オン（Christina Ong）と彼女の娘であるメリッサ・オン（Melissa Ong）の頭文字を取って COMO と名づけられたという。

　クリスティーナはもともと，ファッション・プロデューサーとして成功をおさめていた。自分が世界各国を飛び回る中で，デザイン性にも優れた，かつ居心地のいいホテルを希求するようになり，ついには自身で創ってしまったのがこのチェーンである。

　1991 年に，ロンドン初のデザイン・ホテルとして「ザ・ハルキン」を開業させたのを皮切りに，バリ島のウブドとブータンに「ウマ」というブランドで，ロンドンとバンコクに「メトロポリタン」というブランドで，他にも多様なブランド名をつけたうえで，By COMO と後ろからつける形で展開してきた。

　2020 年現在は，バリ島，モルディブ，ブータン，タイ，イギリス，タークス＆カイコス，オーストラリア，イタリア，フィジーなどに施設がある。いずれも，「コモ・ザ・ハルキン」（ロンドン），「コモ・シャンバラ・エステート」（バリ島）といったように，トップにコモのブランドをつける形にリブランドされている。

2．ケンピンスキー・ホテルズ

　日本ではあまり馴染みがないが，19 世紀に設立された，ヨーロッパでもっとも歴史の古いホテルチェーンの1つとされる。現在は，40 ヶ国近くに展開している。

　もともとは，ワインビジネスで成功したベルトルト・ケンピンスキーがレストランを開業したところから歴史がはじまっている。二度の世界大戦に翻弄さ

写真 8 - 1, 8 - 2　サイアム・ケンピンスキー・ホテル・バンコクのロビーとプール

（以下，本章内の写真は著者撮影）

れつつも，戦後に発展し，1970 年代以降はルフトハンザ・ドイツ航空との関
係も深まっていった。1985 年にはルフトハンザ傘下となったが，2004 年には
タイ国王の王室財産局の所有となっている。さらに 2017 年からは，バーレー
ン王室が筆頭株主となった。

　なお，2004 年に結成されたグローバル・ホテル・アライアンスの中心メン
バーでもある。このアライアンスは他に，「アリラ」，「アナンタラ」，「アヴァ
ニ」，「マルコポーロ」，「メイダン」，「オムニ」，「パンパシフィック」，「パーク
ロイヤル」，「リクソス」，「ヴァイスロイ」といった個性的なチェーンも加盟し
ている。

3．ラディソン・ホテル・グループ

　スカンジナビア航空（SAS）が 1960 年に創立したホテルが「レジドール・グ
ループ」であり，「ラディソン SAS」のブランドを展開していった。1990 年代
半ばに米国で総合的に観光事業を展開していたカールソン・カンパニーズと提
携をスタートしたが，2000 年代半ばには SAS は手を引き，カールソンが筆頭
株主となった。なお，カールソンは 1997 年に「リージェント」の新規ホテル
に関する命名権をフォーシーズンズから買収し同チェーンを展開したが，2010
年にはリージェントに関しては台湾のフォルモサ・インターナショナル・ホテ
ル・コーポレーションに売却している（第 6 章の「インターコンチネンタル・ホ
テルズ・グループ」も参照）。

図表8−1　ラディソンのブランド一覧

出典：同社 HP（https://www.radissonhotels.com/）より（2022年12月10日アクセス）。

写真8−3，8−4　ラディソン・ブル・プラザ・ヘルシンキの外観とレストラン

　2016年に中国のコングロマリットである海航集団が，カールソンとレジドールを買収し，筆頭株主となった。2020年現在，「ラディソン・コレクション」，「ラディソン・ブルー」，「ラディソン」，「ラディソン・レッド」，「パーク・プラザ」，「パーク・イン」などのブランドを擁している。わが国でも2000年から2007年の短期間，近鉄系の「都ホテル」の一部に提携関係としてラディソンのブランドが冠されていた。

4．クラブメッド

　1950年，スペイン領マヨルカ島で，ジェラール・ブリッツが非営利団体として設立したのがスタートとなっている。

　わが国では昔から，「地中海クラブ」の名称で知られている。1970年代には阪急交通社が代理店契約を結び，その後，伊藤忠商事とも関係を持っていた。1980年代後半には，当時のセゾングループと提携し，この頃に日本1号店となるサホロの施設がオープンするに至っている。このホテルはもともと，「狩勝コンチネンタル・ホテル」であったものをセゾンが入手し，ブランド転換を

したものである。

　同社を特徴づけているのが，GO や GE と呼ばれるスタッフの存在と，滞在中の飲食を含めた料金体系であるオール・インクルーシブスタイルである。

　GO（ジェントルオーガナイザー）と GE（ジェントルエンプロイー）は，100 以上の国籍を持つ人々によって構成され，30 以上の言語に対応している。なお，お客様については GM（ジェントル・メンバー）と呼んでいる。

　GO はもともと，リゾートに集まった人々が，自身の得意分野を活かしたコミュニケーションをしたところからスタートしており，現在では正式に制度化されている。そのため，アクティビティも非常に多彩なものとなっており，60種類以上がラインナップされている。このアクティビティを含め，リゾート内での飲食も料金に含まれているが，このオール・インクルーシブもクラブメッドがはしりである。

　同社は，以下の 5 つのモットーを掲げている。

・親切心：GO や GE の G，すなわち「ジェントル」を象徴している。
・多文化性
・責任感
・自由
・開拓者精神

　2015 年に中国の復星国際により買収された。2023 年現在，全世界 25 ヶ国で70 以上の施設を展開している。日本では，北海道のサホロとトマム，そしてキロロ，それに沖縄の石垣島で展開している。

5．モーガンズ・ホテル・グループとエースホテル

　2000 年代に入ってから話題になりつつある「ライフスタイル・ホテル」を語るのに欠かせないのが，この「モーガンズ・ホテル・グループ」と「エースホテル」である。後者は 2020 年には京都に開業し，ついに日本進出を果たした。

　モーガンズは，ナイトクラブなどを経営していたイアン・シュレーガーが1984 年，ニューヨークに「モーガンズ」をオープンしたのが最初となる。古い建物を現代風にリニューアルし，それまでは宿泊客のための存在だったロ

写真8−5，8−6　エースホテル京都

ビーでイベントを開催するなど，従前にはなかった斬新なコンセプトが評判を呼んだ。そのため，1988年に「ロイヤルトン」，1990年に「パラマウント・ホテル」と，立て続けに開業させている。なお，この2施設はバブル時代に日本でも多くの建築を手がけたフィリップ・スタルクが設計している。その後はニューヨーク以外にもホテルを展開したが，2005年には売却した。

　一方，エースホテル創業者の1人であるアレックス・カルダーウッドは，シアトルで友人と理髪店を経営していたが，古いアパートを購入し，新しいコンセプトのホテルとしてリニューアル・オープンさせた。それが1999年に開業した，1号店となる「エースホテル・シアトル」である。モーガンズ同様，ロビーでイベントを開催するなどして幅広く開放し，客室タイプもスイートからなんと共同バスの部屋まで幅広く揃えていた。

　こちらも，それまでのホテルにはなかったコンセプトが大きな評判となり，その後は1〜2年に1軒ずつ米国内で開業させていった。2013年には初の海外案件として，ロンドンにオープンしている。一部の施設を除いて，いずれのホテルも古い建物をリニューアルすることを軸として，家具類も周辺地域を象徴するようなものをセレクトしている。

　米国の東西で同様に成長したライフスタイル・ホテルは，他のホテルにも大きな影響を及ぼし，類似のコンセプトの施設が増えるようになった。加えて，ハイアットによるアンダーズやハイアット・セントリック，マリオットによるエディションやモクシーなど，メガ・チェーンにもその影響は及んでいる。なお，エディションにはイアン・シュレーガーもかかわっている。

6．ウィン・リゾート

　小さなビンゴホールを経営する父から，25歳の時そのホールを譲り受けたのが，ラスベガスを変えた男といわれるスティーブ・ウィンの経営者としてのスタートとなる。さまざまなカジノやホテルに関係するビジネスに成功したのち，ラスベガスの魅力を大いに転換する施設を次々に創り出していった。

　8億ドルをかけ1989年に開業したのが「ミラージュ」である。ホテルの前で火山を噴火させるという非常に奇抜な演出で大変な話題となった。他にも，ミラージュではホワイトタイガーを使ったショーを開催するなど，ラスベガスにカジノだけではない新しい「楽しみ」を導入することに成功した。

　1993年には海賊をテーマにしたホテルの「トレジャー・アイランド」をオープンさせている。ここでは，実際に海賊船と海軍が戦うショーを，ホテル前のスペースにおいて無料で開催した。同年にはエジプトをテーマとしたピラミッド型のホテルである「ルクソール」も開業している。

　そして，1998年には今でもラスベガスで一番高級なホテルの1つである「ベラッジオ」を開業させる。巨大な湖を前にしたイタリアをテーマとしたホテルならではのイベントとして，噴水のショーが行われている。

　こうした楽しめる宿泊施設という方向性は，この後のラスベガスを決定づけるものとなり，他の企業が開業させるホテルにおいても同様の方向性が見出されるようになっていった。

　しかしながら上記のホテルを経営する「ミラージュ・リゾート」は，「MGM」に買収されることになった。その買収で得た資金をもとに，2005年には自身の名を冠した「ウィン・ラスベガス」を開業し，翌年には早くも「ウィン・マカオ」も開業させている。

写真8－7　ウィン・マカオ

7．シーザーズ・エンターテインメント

　1937年に小さなビンゴ・パーラーがリノで創業した。これがやがて「ハラーズ・リノ」となる。その後，1955年には同じネバダ州内で，「ハラーズ・レイク・タホ」も開業する。1972年にはニューヨーク証券取引所に上場したが，これはカジノ企業初である。1980年には「ホリデイ・イン」に買収された。ホリデイ・インは1988年に大手ビール醸造会社だった「バス」に買収されたが，その際，カジノホテルに関しては対象から外されている。

　1990年代に入るとゲーミング市場が成長し，ハラーズも各地に施設を開業していった。そして，1966年に開業した「シーザーズ・パレス」を擁する「シーザーズ・エンターテインメント」を2005年に買収する。それに続いて，「プラネット・ハリウッド」など，複数のカジノホテルを買収している。2010年には「ハラーズ・エンターテインメント」から「シーザーズ・エンターテインメント」に名称変更をした。

　ラスベガスの「シーザーズ・パレス」，ヒルトンから移籍したラスベガスを代表するホテルの1つである「フラミンゴ・ラスベガス」，「パリス・ラスベガス」，「プラネット・ハリウッド」などの著名カジノホテルをはじめとして，「ハラーズ」，「バリーズ」，「シーザーズ」やその他のブランドで，全米にカジノ・ホテル・チェーンを広げている。

　なお，2018年から2019年にかけて，アラブ首長国連邦のドバイ首長国に，複数の施設からなる「シーザーズ・ブルウォーターズ・ドバイ」がオープンした。

8．MGM リゾーツ・インターナショナル

　世界有数の映画会社であった「メトロ・ゴールドウィン・メイヤー（MGM）」を所有していたカーク・カーコリアンが1993年に開業させた，当時世界最大の客室数を誇った「MGMグランド」と，スティーブ・ウィンによる「ミラージュ・リゾーツ」との合併で2000年に誕生した。2004年には「マンダレー・リゾート・グループ」も買収した。なお，1973年に開業したもともとの「MGM

グランド・ホテル＆カジノ」は1986年
にバリーズに売却され，「バリーズ・ラ
スベガス」となっている。

写真8－8　MGMグランド・マカオ

　現在，本店格としてのMGMグラン
ド以外に，「ベラッジオ」，「サーカス・
サーカス」，「シティセンター」，「エクス
カリバー」，「ルクソール」，「マンダレ
イ・ベイ」，「ミラージュ」，「モンテカル
ロ」，「ニューヨーク・ニューヨーク」，
「トレジャー・アイランド」などをラス
ベガスに展開するのみならず，マカオな
ど各国各都市に「MGM」のブランドでホテルを経営している。

　なお，2020年には主要ホテルの資産をブラックストーンに売却した。運営
はMGMリゾーツが続けている。

9．ラスベガス・サンズ

　石油ビジネスを手がけていたジェイク・フリードマンが1952年に開業させ
た200室のカジノホテル「サンズ・ホテル＆カジノ」がその源流である。同ホ
テルは，フランク・シナトラやハワード・ヒューズといった著名人が所有しつ
つ，1988年にMGMグランドに買収され，翌年，シェルドン・アデルソンが
設立した「ラスベガス・サンズ」に買収された。

　同社は閉鎖されたサンズ・ホテルの跡地に，1999年「ベネチアン」を開業
させた。36階建てで3,000室を超える規模のベネチアンは，ラスベガスで最高
級のホテルの1つでもある。2003年には1,000室を超えるタワー棟もオープン
した。

　2004年にはマカオに進出し，「サンズ・マカオ」を開業させた。そして2007
年には5万㎡の広さを誇る世界最大のカジノを持つ「ベネチアン・マカオ」も
開業している。

　しかし，この会社をなにより有名にしたのは，シンガポールのマリーナ・
ベイに，単独としては世界最大のカジノを含む統合リゾート（IR）として2010

写真8-9, 8-10 ベネチアン・マカオ

写真8-11, 8-12 マリーナ・ベイ・サンズ

年に開業した,「マリーナ・ベイ・サンズ」であろう。3棟のホテルは屋上に
ある1haの空中庭園で結合されており,そこには地上200mという世界最高の
高さに空中プールが設置されている。

10. その他

　ここで挙げた以外にも,世界にはさまざまなチェーンが存在している。

　例えば,「ウィンダム・ワールドワイド」は,傘下に「ウィンダム」,「ラマ
ダ」,「ハワードジョンソン」,「デイズイン」,「スーパー8」などを擁している。

　カジノの事業者である「ギャラクシー・エンターテインメント」は,マカオ
で大規模施設を3つ運営している。そのうちの1つ「ギャラクシー・マカオ」
には,同社直営で1,500室を擁する「ギャラクシー・ホテル」以外にも,「ザ・
リッツ・カールトンマカオ」,「バンヤンツリー・マカオ」,「JWマリオット・
ホテル・マカオ」,「ホテルオークラ・マカオ」がある。

写真 8 - 13　ギャラクシー・マカオ

写真 8 - 14　ギャラクシー・マカオの
カジノフロア上を占める流れるプール

　マレーシアに本拠地のある企業では，「ゲンティン・グループ」が同国内やシンガポールや香港などに子会社を持ち，カジノ，ホテルそしてクルージング事業を手がけているし，「YTL グループ」，「ベルジャヤ・グループ」が直営，MC などを組み合わせ，他国にも進出している。後者は日本でも「フォーシーズンズホテル京都」の経営にかかわっている。

　2023 年，大阪に「センタラ・グランド」が開業したが，同社はタイに本拠を置き，親会社はバンコク中心部で「セントラル・ワールド」というショッピングモールを経営している。1983 年，バンコクに 1 号店が開業し，現在は世界中に展開している。

　今後のチェーンは，こうした多国籍の展開が当然の流れになってくると考えられる。

主要参考文献

Cunill, O. M.（2006）*The growth strategies of hotel chains. Best business practices by leading companies*, Routledge.

（徳江 順一郎）

第3部

わが国の宿泊産業

第9章　日本における宿泊産業の歴史

1．旅館の歴史

（1）宿泊業の登場

　わが国の伝統的な宿泊施設である旅館とは，どのように成立したのだろうか。宿泊施設が人々の移動に必要不可欠である以上，文献史料に残された「宿」の歴史は古くからある。しかし，こんにちのわれわれが思い描く旅館は，近代に誕生したといわれる。ここではその発展の歴史をひも解こう。

　日本においても宿泊施設は古代からみられるが，「宿泊業」として確立されるのは江戸時代であった。江戸幕府を開いた徳川家康は 1601（慶長 6）年に，主要街道の整備と拡充とを目指す政策を定め，これにより東海道五十三次などの宿駅整備が行われた。さらに全国の大名が領地と江戸を往復する参勤交代が定められたことにより，街道沿いの宿駅（宿場）が発展した。

　幕府は宿場以外の宿や店での宿泊を禁じて宿場を保護しており，そこには勅使，大名および公務旅行者が休息や宿泊をする「本陣」と「脇本陣」，一般の庶民などが利用する「木賃宿」や「旅籠」など，利用者の身分に応じて異なる宿泊施設が設けられていた。これらは価格帯や提供されるサービスも異なり，木賃宿は格安ではあるが必要最低限の施設で自炊して滞在する施設であったのに対し，旅籠では一泊に対して簡単な夕・朝食が提供されていた。幕府は人々の自由な旅，特に楽しみを目的とした旅を制限する一方で，信仰のための寺社参詣，療養のための湯治は認めていたため，宿場はこうした人々でも賑わった。

　宿場は原則として短期滞在が基本であったが，温泉地では，温泉に入浴して治療する「湯治」が基本であり，滞在者は湯治宿で自炊をしながら 3 週間前後の長期間滞在した。江戸時代は，身分や旅の目的に応じて利用する宿が定められていたといえよう。

（2）近代旅館の成立

　江戸幕府が瓦解し明治政府が成立した時代には，前時代の旅の制限が廃止さ
れ，人々は自由に各地を移動できるようになった。さらに交通の発達に伴い，
人々の旅は徒歩から鉄道を利用した旅へと次第に変化していった。そのため，
江戸時代に街道沿いの宿場に発達した「本陣」，「旅籠」などの宿泊施設は，街
道の利用者の減少とともに消え去った。

　一方で，鉄道の駅舎近くには，鉄道を利用する人たちのための「駅前旅館」
が誕生していった。この駅前旅館は，江戸時代までに発達した本陣，旅籠，湯
治宿などが，それぞれに保持していた「個室での宿泊」，「一泊二食」，「入浴」
などの機能を集約した，利便性の高い宿泊施設として考案されたといわれる。
いわば近代旅館は江戸時代に分散されていた機能を集合させ，新たな時代の独
自のビジネスモデルとして誕生したといえよう。

　温泉地・観光地以外の駅前旅館・割烹旅館などは，1960年代以降，次第に
ホテルがその機能を果たすようになった。一方で旅館は温泉地を中心に観光目
的の宿として発展を遂げた。ここでは主に温泉地の旅館から旅館の発達を述べ
る。

写真9−1　100軒を超える宿泊施設が集積する草津温泉

出典：以下，本章内の写真は特記以外著者撮影。

（3）旅館の発展

　第二次世界大戦後，復興ののちマスツーリズムの時代になると，本来長期滞
在地であった温泉地は，行楽・慰安を目的とした短期滞在の観光地として発展
した。その中心は社員旅行のような男性の団体旅行であり，彼らの目的は温泉

というより旅館での宴会であった。そのため，熱海のような交通の利便性のよい大都市周辺の温泉地は歓楽化して大規模になった。

　高度経済成長期には団体旅行を送客する大手旅行業者と旅館の結びつきも強固になり，旅行業者は旅館を選定し，「協定旅館」として送客契約を結ぶことによって，旅行業者主導の旅館系列化が進んでいった。温泉地を中心に団体客を受け入れるため旅館はますます大規模化するとともに，広い敷地と大型バスが通行可能な道路を求めて温泉地の郊外に移転し，温泉地は面的に拡大した。

　大型化した旅館は，施設内に団体旅行者向けのバー，カラオケ，土産物販売店などを持ち，料飲，物品などの売上でも高収入を得るようになった。団体旅行では大型バスで旅館に到着後，入浴，宴会，ナイトライフ，就寝，起床，お土産の購入といったことすべてを施設内で完結させ，チェックアウト後に旅館から再びバスで帰宅することも珍しくなかった。このため接遇も団体旅行者のタイムスケジュールに合わせた機能的で同質な対応が求められるようになった。

　1980年代にかけて，旅館の軒数は増加し続けるとともに（図表9－1），有力旅館では集客力を高めるため館内施設の充実を目的とした投資をし，都市部のホテルに肩を並べるほどの大規模旅館が登場するなど，各施設の大型化・高級化の時代を迎えた。旅館への宿泊者の「囲い込み」は，温泉街の活気を失わせ，後年に温泉街の荒廃と衰退を招く要因となったといわれている。

図表9－1　旅館・ホテル軒数の推移

年代	旅館軒数	旅館客室数	ホテル軒数	ホテル客室数
1965（昭和40）	67,485	608,349	258	24,169
1970（昭和45）	77,439	763,091	454	40,652
1975（昭和50）	82,456	902,882	1,149	109,998
1980（昭和55）	83,226	964,063	2,039	178,074
1990（平成2）	75,952	1,014,765	5,374	397,346
2000（平成12）	64,832	949,956	8,220	622,175
2010（平成22）	46,906	764,316	9,710	803,248
2017（平成29）	38,622	688,342	10,402	907,500

出典：日本観光協会『数字でみる観光』／厚生労働省生活衛生局「衛生行政報告例」。

こうした傾向が加速したのが1980年代後半であった。バブル経済時代には招待旅行や報奨旅行などの法人需要を中心に利用者が増加したことに加え，女性・小グループなどの個人旅行者も増加し，旅館に対するニーズも変化の兆しをみせるようになる。

他方，この時代には「温泉ブーム」「秘湯ブーム」の影響により，癒しの温泉地や鄙びた温泉地も注目を集めるようになった。数は減ったが，日本の伝統的な湯治文化も東北などを中心とした湯治場に残されていた。湯治場の旅館は，自炊などで安価に長期滞在することができたほか，滞在が長期にわたるため宿泊者の交流が深まる場でもあった。

写真9－2　山奥の秘湯　乳頭温泉郷 鶴の湯

しかし，空前の好景気の中，大規模旅館は高級化をきわめ，中小旅館の一部も数寄屋造りなどの純和風建築に日本庭園や露天風呂を持ち，品数豊富な会席料理，女将をリーダーとした個別性，情緒性を重視した接遇などを提供するようになった。この時代は個人旅行者を中心に秘湯，癒しの湯など，新しい魅力を持つ温泉地の旅館にも目が向けられはじめたが，バブル経済期を通して観光型温泉地の旅館は高級化し宿泊単価も上昇した。

（4）旅館の展開

戦後発展してきた旅館は，バブル崩壊後に大きな転換点を迎えた。不景気により団体旅行，法人需要の旅行者が大幅に減少したことに加え，バブル経済期の多額の投資が足かせとなり，大型化・高級化した旅館の中には資金繰りに行き詰まるところが出現し，廃業・倒産する旅館が増加した。この背景には，高

額な宿泊単価を前提とした経営体質では，デフレ下の低額化に対応できなかったことがある。さらに男性を中心とした団体旅行者から女性を中心とした個人旅行者へと旅行形態が変化する中，それに対応できない旅館を中心に厳しい状況におかれる一方で，独自の魅力を持つ小規模旅館や秘湯の旅館など，大型旅館で味わえない個性的な魅力を提供する旅館に人気が集まるようになった。

　しかし，大規模旅館の倒産は，失業者の増加，関連産業の倒産など，温泉地へのマイナスの波及が深刻であり，地域経済の活性化が大きな課題となっている。旅館軒数は 1980（昭和 55）年の 83,226 軒をピークとして，2016（平成 28）年には 38,622 軒まで減少しており，その立て直しが急務と言われている（図表 9 − 1）。一般的に旅館は個人経営の所有直営方式が多く，ホテルチェーンに比べ資本力が弱いが，一方で個性化に力を注ぐことが可能である。駅前旅館の多くがホテルに代わった現在，旅館の多くは温泉地を中心に立地している。同一地域内の同業種間の競争に勝ち残らなくてはならないことも事実であるが，宿泊業が中心の温泉地において，個々の施設だけが成功するのではなく，地域の魅力を生かしながら，ともに個性を磨き発展することが必要であろう。

　温泉地が転換期を迎える中，2000 年以降は倒産した旅館を再生する専門企業も登場している。これらの企業の特徴は施設を再整備し，運営受委託方式（マネジメント・コントラクト：MC・第 1 章を参照）などホテルで発達した経営手法も取り入れたことである。新たなブランドのもと倒産時よりも高額な料金形態で顧客に受け入れられる事例や，第 11 章の「再生案件を主とするチェーン」のようにサービスを効率化する取り組みにより人件費などの固定費を削減することで，安価な料金で宿泊を提供する施設をチェーン展開する企業も登場した。

　さらに近年では，ICT 化が進む中，従来の旅行会社に依存した予約・送客システムから，個人旅行者がオンライン・トラベル・エージェント（OTA）を通して，自らのニーズに合わせた旅館を瞬時に選択できるようになり，旅館のマーケティングも変化を迫られている。グローバル化が進み，生活様式が洋風化に移行する中，第 4 章で述べたように旅館はきわめて異質性の高い「宿泊態様」になりつつある。旅館の料金体系も一泊朝食付や素泊まり等の泊食分離，和洋室の増加，接遇形態の変化などの多様化が進んでいる。旅館が商品である以上，旅行者のニーズと市場が細分化し宿泊業が多様化すれば，消費者に伝わ

る「カテゴリー」も必要である。旅館の自然と調和した立地，温泉資源の活用，情緒性に富んだ和風施設・雰囲気・サービス，美しい和食の提供などは日本文化の象徴でもある。インバウンドへの期待も高まる中，日本独自の宿泊施設として，日本文化を体現する「和式」の特色，地域性を重視しながら，21世紀における旅館ならではの魅力を創出することが求められている。

写真9−3　国登録有形文化財の旅館（鎌先温泉 一條旅館）

2．日本におけるホテルの歴史

　訪日外国人客のために誕生した日本のホテルが，大正から昭和初期にかけて富裕層の生活に浸透し，日本人のライフスタイルの一部となるまでには，度重なる火災，震災，水害，疾病，戦禍と，あらゆる厄災に屈せず立ち上がってきたホテルとゲストの歴史がある。

　本節では，黎明期から21世紀に至るまでのホテルの歴史を，時代を画したホテルを中心に，ヒトとモノの観点から論じる。

（1）黎明期のホテル：幕末から関東大震災まで
①　外国人居留地のホテル

　1858（安政5）年，幕府は日米修好通商条約にはじまる安政の五カ国条約に調印した。翌1859（安政6）年の横浜，長崎，箱館（函館）開港，1868〜69（慶応3〜4）年の東京開市，大阪，神戸開港に伴い設置された居留地のうち，横浜と築地のホテルを取り上げる。

　現代では市として最大の人口を有する横浜も，開港までは一寒村に過ぎなか

った。その横浜に出現した日本初のホテルが，1860（万延元）年にオランダ人元船長のフフナーゲルが日本家屋を改造して開業した「横浜ホテル」である。同年に通商条約締結のため来日したプロシア使節団のシュピースが，「一種の寝台」（シュピース（1934），p.337）と呼んだ簡易な家具，窓も暖房もない客室8室のみで，ホテルとみなすには異論もあるが，食堂やバー，撞球（ビリヤード）室を備え，社交の場となり著名人も滞在した。しかし，経営者が交代したのち，1866（慶応2）年の横浜大火により焼失し，再建されることはなかった。

その後，横浜では外国人経営のホテルが開業，移転，経営者交代を繰り返した。なかでも1873（明治6）年に開業したグランドホテルは，食堂，読書室，客室数30室（改修後に100室）を備え，関東大震災で壊滅するまで，横浜を代表するホテルだった。

築地居留地に1868（慶応4）年に開業したのは通称「築地ホテル館」である。社寺建築技術を持ち，横浜で洋風建築技術を習得した清水組（現在の清水建設）の二代清水喜助が，幕府に願い出て土地を提供され，資金調達と施工，経営を請け負い，新政府に施主が交代するという困難をも乗り越えた。客室数100室余，食堂，撞球室，談話室を備え，独特の擬洋風建築で東京の名所となり「広々とした貴賓用の造りで欧米のベストホテルに匹敵する快適さ‥外国人は素晴らしい食事と客室が手に入る」（Mossman（1873），p.345を著者訳）と絶賛された日本初の本格的な都市ホテルであった。また幕僚で通訳を務めていた津田梅子の父，津田仙など一流の人材を登用した。

だが築地の交易はふるわず，喜助はホテルを手放した。1872（明治5）年には近隣に，後に「精養軒ホテル」となる「レストラン精養軒」が開業したが，同年の銀座大火により，ともに焼失し，精養軒だけが移転再建された。その後1890（明治23）年には，「メトロポールホテル」が開業している。

②　リゾート地のホテル

避暑や保養に訪れる外国人の需要に応えたリゾート地の代表が，日光と箱根である。

1893（明治26）年開業の「金谷ホテル」は，東照宮の楽師だった金谷善一郎が，日光を訪れたヘボン博士に請われ，1873（明治6）年，自宅の一室を貸したことから始めた「金谷カッテージ・イン」が前身である。1878（明治11）年に滞

在したイザベラ・バードはその佇まいを賞賛した。

　一方の「富士屋ホテル」は，日本人が経営する初のホテルとして，1878（明治11）年に箱根の宮ノ下に誕生した。創業者の山口仙之助は横浜で実家が商売をしており，1872（明治5）年に渡米，帰国後に「藤屋旅館」を買い取り，ホテルとして開業した。1883（明治16）年に類焼で焼失するが，仙之助は翌年から1887（明治20）年まで4つの建物を次々と新築した（山口（2015）より）。その富士屋ホテルに婚入りして二代目を継いだのは，金谷善一郎の次男，正造であった。正造は単身米国に渡り成功した経験を活かし，新事業を展開した。彼はのちに，帝国ホテルの新本館竣工まで8ヶ月間，林愛作の後任として支配人を務めることになる。そのときの帝国ホテル副支配人は，やがて帝国ホテルのみならずホテル業界の中心的存在となる犬丸徹三と山口正造の弟，金谷正生だった。

写真9－4　富士屋ホテルのメインダイニング：ザ・フジヤからみる花御殿

③　帝国ホテルの開業から関東大震災

　1890（明治23）年，時の外務卿井上馨が，渋沢栄一，大倉喜八郎ら財界の実力者を勧誘し，宮内省の協力を得て誕生したのが「帝国ホテル」である。

　井上は「官庁集中計画」臨時建築局総裁に就任，不平等条約改正に向けて，延寮館や鹿鳴館に代わる外国人賓客のためのグランドホテルを造ろうと，大蔵省時代に部下だった渋沢栄一と大倉喜八郎に相談する。渋沢も米国グラント将軍夫妻来日の際，接待役として賓客施設の必要性を痛感していた。しかし創業2ヶ月前の1887（明治20）年，井上は外相，建築局総裁を辞任し計画は頓挫した。こうした困難を乗り越え，ジョサイア・コンドルの弟子である渡辺譲の設

計で，客室数 60 室，ロビー，大食堂，談話室，撞球室，舞踏室を備えたネオ・ルネッサンス様式のホテルが誕生する（写真 9 - 5）。

写真 9 - 5　1890 年開業の帝国ホテル初代の本館

出典：帝国ホテル提供。

　ホテルは天長節夜会（天皇誕生日）にはフランス料理を供し，迎賓館の使命も果たすが，1894（明治 27）年の大地震で罹災，日清戦争や香港でのペスト流行で訪日客が激減し経営が悪化する。しかし，日露戦争後に状況は改善し，1909（明治 42）年に渋沢の後任会長・大倉喜八郎は，ニューヨークの古美術商である山中商会の林愛作を初の日本人支配人に起用した。米国で高等教育を受け，欧米富裕層の顧客を担当していた林は，ホテルに社交場の概念を持ち込んだ。

　日露戦争後の好況により，全国でホテルの新築，増改築が相次いだ。1914（大正 3）年に竣工した辰野金吾設計の東京駅には，翌年，客室数 72 室の「東京ステーションホテル」が開業する。このホテルは鉄道院が所有し，精養軒ホテル

写真 9 - 6　現在の東京ステーションホテル内

が運営を受託した。一方で西の迎賓館と呼ばれたのは，1909（明治42）年に開業した奈良ホテルである。建設にあたっては都ホテルの創業者である西村仁兵衛が辰野金吾に設計を依頼した。その後，1913（大正2）年に鉄道院の所有となる。

　明治後期にはホテル間の協力がはじまっていた。1909（明治42）年，横浜のグランドホテルのC．ホール社長が提唱して，ホテル経営者が集い，日本ホテル組合（後に日本ホテル協会と改称）が設立されたのである。

　一方，帝国ホテルの本館建て替えにあたり，1916（大正5）年，林はフランク・ロイド・ライトに設計を依頼する。だが内務省の用地取得の問題や設計変史による工事遅延で予算を大幅に超過し，1922（大正11）年，ライトは解任された。同年，初代の本館が1919（大正8）年の別館に続き火災で焼失し，全役員が辞任する。

　1923（大正12）年9月1日，関東大震災により，東京，横浜一帯は壊滅状態に陥った。東京では精養軒ホテルが焼失したが，新本館の落成披露当日だった帝国ホテルの被害は軽微で，被災者への炊き出しを行い，大使館，新聞社や通信社に事務所を提供した。また神社の倒壊をきっかけに，帝国ホテルはホテル内挙式というビジネスモデルを構築する。

　震災で横浜のホテルは全滅するが，1927（昭和2）年，グランドホテルの跡地に，横浜市の復興の象徴としてホテルニューグランドが開業する。

写真9－7　ホテルニューグランド
（左上のエンブレムに開業年）

　黎明期のホテルにかかわった日本人のほぼ全員に，欧米への渡航経験や横浜，神戸等の居留地との接点があった。

（2）観光振興から戦争へ

① 国際観光振興とホテル

　1929（昭和4）年，日本は外客誘致事業を国策とした。大蔵省の長期低利融資により建設された地方自治体の外国人向けホテルは15軒にのぼる。1933（昭

和8) 年から幻となった東京オリンピック開催年の 1940 (昭和15) 年にかけて，保養地では「上高地ホテル」，「蒲郡ホテル」，「琵琶湖ホテル」，「雲仙観光ホテル」，「唐津シーサイドホテル」，「富士ビューホテル」，「川奈ホテル」，「志賀高原温泉ホテル」，「赤倉観光ホテル」，「阿蘇ホテル」，「ニューパークホテル」(宮城県)，「日光観光ホテル」，都市部では，「新大阪ホテル」，「名古屋観光ホテル」が開業した。

　先駆けとなった上高地ホテル (現：上高地帝国ホテル) は 1933 (昭和8) 年開業，長野県知事の要請で帝国ホテルが運営を受託した。きっかけは上高地が，1927 (昭和2) 年，東京日日新聞が公募した「新日本八景」で渓谷部門の第1位を獲得したことだった。日本人の富裕層が，宿泊や会合でホテルを利用しはじめた時期でもあった。1935 (昭和10) 年の新大阪ホテル (現：リーガロイヤルホテル) は開業を大阪財界が支援し，関一大阪市長の要請で，帝国ホテルは支配人，料理長など82名を派遣した。

　1938 (昭和13) 年には阪急電鉄の創業者小林一三が新橋に「第一ホテル」を開業した。客室数は632室で，一般客の手が届く料金で宿泊できた日本初のホテルといえる。冷暖房完備も，当時革新的であった。

②　戦争とホテル

　1905 (明治38) 年，日露戦争の勝利により，日本はロシアから満州における権益を確保した。半官半民の国策会社であった南満州鉄道 (満鉄) が都市計画の一環として「ヤマトホテル」の建設を進め，1907 (明治40) 年に大連，翌年には旅順と長春，1910 (明治43) 年には奉天に開業する。満鉄初代総裁で，のちに関東大震災後の首都復興を担う後藤新平が，長春ヤマトホテルを公共建築として建設したのは，ロシアに威信を示すためだった。長春は，後に満州国の首都新京となるが，その都市計画は画期的で，広い街路が整備され，電柱は地下に敷設された。台湾では 1908 (明治41) 年台湾鉄道ホテル，朝鮮では 1912 (明治45，大正元) 年に釜山，新義州ステーションホテルが開業している。

　太平洋戦争中に占領した南方のホテル経営は，日本ホテル協会の会員に託され，金谷ホテル，京都ホテル，帝国ホテル，都ホテル，万平ホテルなどの従業員が軍の嘱託として現地に赴任していった。

　国内のホテルは休廃業するか軍の宿舎となり，東京では第一ホテルが海軍，

丸の内ホテルが陸軍，帝国ホテルは外務省と大東亜省の宿舎となった。婚礼は挙行されており，1945（昭和20）年5月24日，東京大空襲の日に帝国ホテルで挙式した夫妻が，2005（平成17）年のダイヤモンド婚の際，当時を回想し，昼の空襲による火災で花婿は消火活動，花嫁は避難した逸話を語った。都市部のホテルは空襲により次々と焼失した。

（3）戦後のホテル

①　ホテルの接収

　連合国の将官およびGHQ高官用の宿舎となった帝国ホテルをはじめ，全国で約100ホテルが接収された。これらは利用目的により，将校用の「宿舎ホテル」と家族と休暇を過ごす「レストホテル」に分けられ，いずれも階級別になっていた。当初，元兵士の従業員は警戒された。だが接収によって得たものも多い。英語習得と衛生管理である。接収解除は1952（昭和27）年のサンフランシスコ講和条約締結を待つことになる。

②　国家行事とホテル：東京オリンピックと大阪万博

　1964（昭和39）年の東京オリンピック開催が決定すると，第一次ホテルブームと呼ばれる開業ラッシュが起こる。政府の支援を受けて開業した主なホテルは，1960（昭和35）年「ホテルニュージャパン」，「銀座東急ホテル」，1961（昭和36）年「パレスホテル」，1962（昭和37）年「ホテルオークラ」，1963（昭和38）年「東京ヒルトンホテル」（東急電鉄所有・経営），1964（昭和39）年「ホテル高輪」，「羽田東急ホテル」，「東京プリンスホテル」，「ホテルニューオータニ」である。

　ホテルオークラは，財閥解体により帝国ホテルの会長を辞任した大倉喜七郎が，大倉邸跡地に開業した。客室数550室を有し，日本の伝統を生かすという信念のもと，城郭建築様式で，築地ホテル館を彷彿とさせる海鼠壁を配した。またホテルニューオータニは，鉄鋼業で成功した大谷米太郎が，所有する元伏見宮邸跡地に，政府の要請で，客室数1,085室のホテルを17ヶ月で建設したものである。

　一方，オリンピック選手村食堂の運営は，第一ホテル，帝国ホテル，ホテルニューグランド，日活国際ホテルが担い，全国から集まった料理人を束ね，延

写真9－8　IOC 本部が設置された帝国ホテル2代目の本館

出典：帝国ホテル提供。

べ 20 万人に 60 万食を供給した。

　第一次ホテルブームの特徴は，まず 500 室規模で料飲サービス施設と宴会場を多数持ついわゆる「グランドホテル」タイプの施設が増加したこと，次に鉄道会社系ホテルの登場，そして運営受委託方式を開発した米国ヒルトンの参入だった。

　1970（昭和 45）年の大阪万博に向け，1962（昭和 37）年に「天王寺都ホテル」，「新阪急ホテル」，1965（昭和 40）年には客室数 875 室の「大阪ロイヤルホテル」（現：リーガロイヤルホテル）をはじめ，続々とホテルが開業した。特に 1969（昭和 44）年に開業した，500 室規模の「ホテルプラザ」と「東洋ホテル」は万博需要を取り込んだ。東京オリンピックと大阪万博は，寡占から競合の時代への契機となり，地方では都市を代表するホテルが誕生する一方，鉄道会社系ホテルはリゾートにも続々と進出していく。

（4）現代のホテル：ポスト万博不況から 1990 年代以降
① 都市再開発とリゾート開発
　1971（昭和 46）年，西新宿再開発初となる日本一の超高層ビルが誕生する。客室数 1,057 室，地上 47 階建，高さ 170m の「京王プラザホテル」は，ホテルが都市開発の要になることを世に知らしめた。また品川・高輪地区には京急，西武，東武など，鉄道会社系のホテルが集結する。一方，この頃，万博後の供給過剰やオイルショックによる不景気で，各社で労働争議が起きるようになり，複数のホテルがストライキを打った。

　1980 年代の再開発では，新宿に 1980（昭和 55）年，小田急がハイアットと

業務提携した「ホテルセンチュリーハイアット」（現：ハイアットリージェンシー東京），1983（昭和58）年，自動チェックイン機を初導入した「新宿ワシントンホテル」，1984（昭和59）年，東急からの運営受託終了後，完全外国資本の「東京ヒルトンホテル」が開業した。1980（昭和55）年に，池袋ではサンシャインシティに「サンシャインシティ・プリンスホテル」，1986（昭和61）年，六本木アークヒルズの「東京全日空ホテル」（現：ANAインターコンチネンタルホテル東京）へと続く。

　リゾートでは，1983（昭和58）年の「東京ディズニーランド」誕生に伴い周辺にホテルが開業し，パークでは2000（平成12）年の「ディズニーアンバサダーホテル」を皮切りに，直営のホテル開発に着手した。また1992（平成4）年，リゾート法の適用を受けた「ハウステンボス」に「ホテルヨーロッパ」など体験型ホテルが開業した。さらに星野リゾートは2001（平成13）年，「リゾナーレ八ヶ岳」でホテル運営ビジネスに乗り出した。

②　ビジネスホテル・チェーンの台頭

　1970年代には，出張マーケットを開拓すべく「ビジネスホテル」が誕生し，旅館からの転換組も現れた。先駆けといえる第一ホテルに続いてこの分野に参入した「法華倶楽部」と「ワシントンホテルズ」の藤田観光は，1971（昭和46）年に「全日本ビジネスホテル連盟」を結成するが，会員の多くが宴会場を持つ都市ホテルに転向したため，後に「全日本シティホテル連盟」と改称した（現在は全日本ホテル連盟）。一方，「東急イン」，「ホテルリッチ」，「チサンホテル」，「三井アーバンホテル」，フランチャイズ方式を導入した「サンルートホテル」など，異業種のホテルチェーンが続々と参入していった。

③　高級ホテルの巨大化と新たなビジネスモデル

　帝国ホテルは1970（昭和45）年，新本館を開業し，客室数は1,281室となるが，万博後，経営が悪化した。ホテルオークラは1973（昭和48）年に別館を建設し980室に，ホテルニューオータニは1965（昭和40）年，高額宿泊商品であるお正月プランを開発，1974（昭和49）年にはタワーを開業し2,000室規模となる。また1983（昭和58）年に帝国ホテルが開業したホテル，オフィス，商業施設の複合ビル，インペリアルタワー（現在の帝国ホテルタワー）は，日本初のビジネ

スモデルとして全国に広がった。

④ 都市部における展開

北米系ホテルチェーンの再上陸は 1991 (平成3) 年「ヨコハマ・グランド・インターコンチネンタルホテル」にはじまり，1993 (平成5) 年大阪梅田の「ウェスティンホテル大阪」，翌年，南港再開発地区の「ハイアットリージェンシー大阪」，1997 (平成9) 年には梅田の「ザ・リッツ・カールトン大阪」と続く。東京では 1994 (平成6) 年，新宿に「パークハイアット東京」，恵比寿ガーデンプレイスに「ウェスティンホテル東京」が開業，高単価で市場を席捲した。大阪では，ニューオータニや帝国ホテルの参入で経営が悪化したホテルプラザが廃業し，淘汰の時代に入った。

ミレニアム以降は，再開発を機に，東京では香港に本拠を置く「ザ・ペニンシュラ」，「マンダリンオリエンタル」，「シャングリ・ラ」が上陸した。またヒルトンは「コンラッド」を投入，ハイアットは「グランドハイアット」や「アンダーズ」，さらにアマンリゾーツ，フォーシーズンズホテルズも東京で開業し，大阪ではスターウッド（現：マリオット・インターナショナル）初の「セントレジス」など，デベロッパーやオーナーに応えるブランド展開と，ホテル市場の細分化が進む。一方で「パレスホテル」や「キャピトル東急ホテル」，そして「ホテルオークラ」が，建て替えを機にラグジュアリーホテル市場に参入し，競争が激化している。

新型コロナウィルスの蔓延に伴い，都市ホテルの「人が集う」機能の中心であるカクテルビュッフェ形式の企業宴会が崩壊しようとしている。数々の厄災

写真 9 − 9, 9 − 10　パレスホテル東京とザ・キャピトルホテル東急のスイート

写真9－11　ジ・オークラ東京のスイート

に届せず立ち上がってきた日本のホテルが，苦境の中から再び新たなビジネスモデルを生み出すと信じたい。

主要参考文献

Samuel Mossman（1873）*New Japan*, John Murray.
イザベラ・バード著・時岡敬子訳（2008）『日本紀行』講談社。
犬丸徹三（1961）『私の履歴書』日本経済新聞社。
内田彩・大久保あかね（2019）「第17章 観光と宿泊」『新現代観光総論　第3版』学文社。
運輸省鉄道総局業務局観光課編（1946）『日本ホテル略史』運輸省観光課。
大鹿武（1987）『幕末・明治のホテルと旅券』築地書館。
大野正人（2019）『ホテル・旅館のビジネスモデル―その動向と将来』現代図書。
木村吾郎（2006）『日本のホテル産業100年史』明石書店。
木村吾郎（2010）『旅館業の変遷史論考』福村出版。
ギュスターブ・シュピース著，小澤敏夫訳（1934）『シュピースのプロシア日本遠征記』
　奥川書房。
越沢明（1988）『満州国の首都計画』日本経済評論社。
斎藤多喜夫（2017）『横浜 もののはじめ物語』有隣堂。
澤護（2001）『横浜外国人居留地ホテル史』白桃書房。
（公財）渋沢栄一記念財団編（2012）『渋沢栄一を知る事典』東京堂出版。
清水建設株式会社編（2003）『清水建設200年の歴史』清水建設。
新城常三（1971）『庶民と旅の歴史』NHKブックス。
竹谷年子（1987）『客室係が見た昭和史』主婦と生活社。
（株）帝国ホテル編（1990）『帝国ホテル百年史』帝国ホテル。
（株）帝国ホテル編（2005）『インペリアル』2005年11月号，帝国ホテル。
（公財）東京都不動産鑑定士協会編（2015）『東京今昔物語』実業之日本社。
富田昭次（2003）『ホテルと日本近代』青弓社。
（社）日本ホテル協会編（2009）『日本ホテル協会百年の歩み』日本ホテル協会。

長谷川堯（1994）『日本ホテル館物語』プレジデント社。

堀雅昭（2013）『井上 馨』弦書房。

前田勇（2002）「旅館の特徴としての"曖昧性"に関する分析」『立教大学観光学部紀要』
　（4），pp.1-18。

溝尾良隆（2003）『観光学―基本と実践』古今書院。

宮本常一（1987）『旅の民族と歴史―日本の宿』八坂書房。

村上信夫（2001）『私の履歴書』日本経済新聞社。

山口由美（2015）『箱根富士屋物語』小学館。

山村順次（1998）『新版―日本の温泉地―その発達・現状とあり方』日本温泉協会。

渡辺實（1977）『近代日本海外留学史』講談社。

（内田 彩，山中 左衛子）

第10章 鉄道系・航空系チェーン

1. わが国におけるホテルチェーン発展の特徴

1960年代前半の第一次ホテルブーム以降，各地にホテルが増加していく過程で，その原動力となったのは鉄道会社であった。わが国の鉄道会社は他国とは大きく異なる特性を持っているが，多角化に熱心であるのもその1つであるといえるだろう。不動産開発や観光開発に取り組む企業も多く，そのことが鉄道会社の大々的なホテル参入につながった。

一方，航空会社によるホテル参入は他国と同様である。そして，最近になってホテルとの関係を薄めていっているのもまた，他国の事例と変わりない。

そこで，わが国のホテルチェーンを知るためには，まず鉄道会社や航空会社によるチェーンを概観する必要がある。以下では，その歴史を含めて説明する。

2. プリンスホテルズ＆リゾーツ

（1）成長の軌跡

「プリンスホテル」を長きにわたって支配してきたのは，2006（平成18）年に解散したコクドを中心とする西武グループであった。同グループによる観光関連の諸事業は，もともと箱根や軽井沢での観光開発がその源流となっている。

黎明期の施設としては，1953（昭和28）年，旧竹田宮邸跡に開業した「高輪プリンスホテル」（現在のグランドプリンスホテル高輪）と，第二次大戦期に日本が朝鮮を併合したことによって，日本の皇族に準ずる存在となった李家の建物を改装して1955（昭和30）年に開業した「赤坂プリンスホテル」が挙げられる。この両者の建物は，改装されつつ現在も残っている。

本格的な施設としては，シティホテルでは1964（昭和39）年，徳川家霊廟跡に開業した「東京プリンスホテル」が，リゾートでは1960（昭和35）年に開業

した「万座プリンスホテル」や 1962（昭和 37）年に開業した「苗場プリンスホテル」，そして 1964（昭和 39）年に開業した「大磯プリンスホテル」などが挙げられる。

　1971（昭和 46）年に西武グループ傘下の西武鉄道から分離する形でプリンスホテルが設立され，徐々にチェーン展開が早まっていく。

　1972（昭和 47）年に北海道初進出となる「札幌プリンスホテル」が開業し，道内には続いて 1974（昭和 49）年に「富良野プリンスホテル」（当初は「北の峰プリンスホテル」だった）が開業している。前後して 1973（昭和 48）年に「下田プリンスホテル」（所有・経営は関連会社の伊豆箱根鉄道）と「軽井沢プリンスホテル」（のちの東館・イーストで西館・ウエストは 1986（昭和 61）年，現在「ザ・プリンス」ブランドの南館は 1982（昭和 57）年に開業），1976（昭和 51）年に「日光プリンスホテル」（2008 年閉館），1977（昭和 52）年に「十和田プリンスホテル」，1978（昭和 53）年に「箱根プリンスホテル」（現在は「ザ・プリンス箱根」にリブランド），そして 1979（昭和 54）年には「嬬恋プリンスホテル」がそれぞれ開業し，リゾート系の施設が出揃ってきた。

写真 10 − 1，10 − 2　ザ・プリンス箱根の特徴ある建物とバルコニーからの眺め

（以下，本章内の写真は著者撮影）

　都市部では，1977（昭和 52）年に「新宿プリンスホテル」（所有は西武鉄道），1978（昭和 53）年に「品川プリンスホテル」（毛利公爵邸跡），1980（昭和 55）年に「サンシャインシティ・プリンスホテル」（自社で所有）が開業して，こちらも少しずつ規模が拡大してきている。

　このあと，1980 年代に入ると急速なチェーン展開がなされていく。

　1982（昭和 57）年には巨大な宴会場を備えた「新高輪プリンスホテル」（現在は「グランドプリンスホテル新高輪」にリブランド），1984（昭和 59）年には「六本木プリンスホテル」（2006（平成 18）年に閉館），1985（昭和 60）年には「赤坂プリンスホテル新館」（後に「グランドプリンスホテル赤坂」を経て，2011（平成 23）年に閉館，建て替え後，「ザ・プリンスギャラリー東京紀尾井町」になった），1986（昭和 61）年には「京都宝ヶ池プリンスホテル」（現在は「グランドプリンスホテル京都」にリブランド），1989（平成元）年に「幕張プリンスホテル」のプリンスホール（宿泊棟は 1993（平成 5）年開業，2006（平成 18）年に営業終了し，APA ホテルに譲渡）と，滋賀県でもっとも高層の「大津プリンスホテル」（近江鉄道が所有し，近江観光が経営）が開業している。

写真 10 － 3，10 － 4　取り壊しがはじまった頃のグランドプリンス赤坂，開業当初の
　　赤坂プリンスホテル（現：クラシックハウス）の左に現在のプリンスギャラリー

　リゾートでは 1981（昭和 56）年「屈斜路プリンスホテル」（2000（平成 12）年に東館を増築），1982（昭和 57）年に「ニセコ東山プリンスホテル」（2007（平成 19）年に売却），1984（昭和 59）年に「志賀高原プリンスホテル」（1987（昭和 62）年に南館を，1996（平成 8）年には西館を増築），1987（昭和 62）年には「軽井沢浅間プリンスホテル」，1988（昭和 63）年に「新富良野プリンスホテル」が開業している。

　バブル崩壊後の 1990 年代も，引き続き開業ラッシュが続いた。

　1990（平成 2）年には「横浜プリンスホテル」が建て替えて開業している。

ここはもともと東伏見宮別邸だったものを西武が買い取り，横浜プリンス会館として 1954（昭和 29）年に開業したもので，1960（昭和 35）年から小規模なホテルとして営業していたものである。2006（平成 18）年に営業終了している。1991（平成 3）年には「川越プリンスホテル」，1992（平成 4）年には「新横浜プリンスホテル」と「飯能プリンスホテル」（2010（平成 22）年にレストラン部門，2012（平成 24）年に宿泊部門が他社に移管），1993（平成 5）年に「横須賀プリンスホテル」（2006（平成 18）年に営業終了，現在はメルキュール），1994（平成 6）年に「広島プリンスホテル」（現在は「グランドプリンスホテル広島」にリブランド），1995（平成 7）年に「鎌倉プリンスホテル」，1998（平成 10）年に「高輪プリンスホテルさくらタワー」（現在は「ザ・プリンス・さくらタワー東京」となっている）が，それぞれ開業している。なお，この時期には「品川プリンスホテル」に 2,000 室近い客室数を持つ新館（現在のメインタワー）もオープンしている（1994（平成 6）年）。

　地方でも，1990（平成 2）年に「雫石プリンスホテル」と「函館大沼プリンスホテル」，1993（平成 5）年に「釧路プリンスホテル」，1994（平成 6）年には「日南海岸南郷プリンスホテル」がそれぞれ開業している。

　1990 年代には，都心部はもちろん，神奈川県方面と西武鉄道のテリトリーである埼玉県方面での展開が見られるのが特徴的である。

　こうした出店ラッシュの掉尾を飾るのは，2002（平成 14）年に開業した「品川プリンスホテル・エグゼクティブタワー」（現在のアネックスタワー）と，徳川家霊廟跡で営業していた芝ゴルフ場の跡地に 2005（平成 17）年に建てられた，「東京プリンスホテル・パークタワー」（現在は「ザ・プリンス・パークタワー東京」にリブランド）となる。なお，2016（平成 28）年に，前述した通り，グランドプリンスホテル赤坂の跡地に，「ザ・プリンスギャラリー東京紀尾井町」，2017（平成 29）年に「名古屋プリンスホテル・スカイタワー」が開業した。

（2）成長の理由

　これだけのホテルを立て続けに，しかもほとんどを自社または親会社を含む関連会社の所有で展開できたのは，かつてのわが国でおなじみの手法による。

　コクドを中心とする西武グループでは，銀行からの融資を主とした資金調達によって土地を取得し，ホテルやスキー場などのレジャー施設を建設して取得

した土地の付加価値を高め，値上がりした時価上昇分を含み益として，さらなる融資を得て新たな土地の開発を進めていた。この手法は，日本の高度成長期以降の成長経済のもとでは有効に作用していた。それが，1980 年代以降の積極的なホテルの展開につながった。

　バブル崩壊後の 1990 年代以降はスピードが多少鈍化してはいるが，それでも品川プリンスホテルや東京プリンスホテルの事例からわかる通り，事業拡大が基本的なスタンスとなっていたことは変わらない。

　同様の経営手法で成長した企業には，百貨店のそごうや総合スーパーのダイエーがある。いずれも，出店に必要とする以上の土地を購入し，出店後の土地の値上がりを原資として，さらに融資を受ける形で次々と新店舗を出店していたのである。

　しかしこの手法は，バブル崩壊後には限界を迎え，プリンスは後述する展開に，上記 2 社は経営破たんするに至っている。

（3）状況の転換

　2004（平成 16）年，グループの中核を占める西武鉄道の株式に関する証券取引法違反の疑いで，総帥の座を占め続けてきた堤義明氏は退陣することになった。それに伴って，2005（平成 17）年から 2006（平成 18）年にかけてプリンスホテルを含む西武グループが再編されることになった。

　プリンスホテルを存続会社として，それまで親会社としての位置づけであったコクドを合併し，株式移転で新設された持株会社である西武ホールディングスの 100％子会社になった。それまでのプリンスホテルは，コクドや西武鉄道などの関連会社が所有，経営するホテルのマーケティング面を中心とした運営受託会社という色彩が濃かったが，この再編によって多くの不動産もプリンスホテルに集約され，他のチェーンと同様の枠組みで経営されることになった。

　そして，2007（平成 19）年にはブランドも再編し，3 つのカテゴリーに分け，同時にロゴマークも変更されることになった。

　3 つのカテゴリーは以下の通りである。

① 　ザ・プリンス【至高のおもてなしと豊かなひとときを】
　プリンスホテル全体のフラッグシップと位置づけられるホテルで，グループ

内の最上級となる。以下の5施設が該当する。

　　［パークタワー東京，さくらタワー東京，箱根芦ノ湖，軽井沢，ヴィラ軽井沢］

　　（名称はいずれもザ・プリンス○○）

　また，1965年に開業し，1990年に西武グループが取得したハワイの「マウナケアビーチホテル」もこのカテゴリーとされた。

②　グランドプリンスホテル【プレミアムな時間と空間を】

　特に都市部に立地している高価格帯の施設に対して付与される。

　　［高輪，新高輪，京都，広島］（名称はいずれもグランドプリンスホテル○○）

　どの施設も，規模的にはやや大きめで，料飲施設や宴会場も多い。

③　プリンスホテル【クオリティ＆ファミリアな滞在を】

　東京，品川，新宿をはじめとしたその他の施設は，これまでと同様のブランドで展開される。

　また，以上とは別の位置づけとなっているのがプリンスギャラリー東京紀尾井町であり，さらに2020（令和2）年からは「プリンス・スマート・イン」（恵比寿，熱海）が【シンプル＆スタイリッシュな宿泊を】とのブランドステートメントで開発された。

　なお，1990年に開業した「プリンス・ワイキキ」や1994年に開業した「ハプナビーチプリンスホテル」（現在は「ザ・ウェスティン・ハプナビーチリゾート」となっている），2001年にフランチャイズとなった「グロリアプリンスホテル台北」，2002年に開業した「プリンスホテル＆レジデンス・クアラルンプール」（現在は「プルマン」にリブランド），2006年にフランチャイズで開業した「ナイス・プリンスホテル嘉義」，2015年に開業した「松花湖プリンスホテル」といった海外ホテルの多くもプリンスホテル・クラスである。別途，2019年に開発された「ザ・プリンス・アカトキ」というブランドの施設もロンドンにある。

　プリンスホテルは，長らくほとんどすべての施設が「○○プリンスホテル」という事実上の単一ブランドによる市場対応であった。この単一ブランドで，高価格帯でフラッグシップ的存在であった赤坂プリンスホテルや新高輪プリンスホテルから，今でいうところのデザイン・ホテルの先駆と考えられる六本木プリンスホテル，さらにはかつてのビジネスホテルのカテゴリーである品川プリンスホテルまで，すべてを展開していた。これは大変に珍しいケースであり，

その意味では2007年以降に実施されたリブランドは必然のことのように思われる。

3. 東急ホテルズ

(1) 黎明期の東急ホテルズ

　東京急行電鉄（以下，「東急電鉄」という）が初めてホテルにかかわったのは，1942（昭和17）年に日本電力株式会社から箱根登山鉄道を買収した際に，関連事業の「強羅ホテル」もあわせて入手したことにさかのぼる。また，同年にはバリ島にあった「バリホテル」も軍部から引き継いで経営することになる。これらはいずれも終戦とともに経営から手を引いている。

　戦後の1954（昭和29）年には日本停車場株式会社から「軽井沢パークホテル」を買収している。これはやがて「軽井沢東急ホテル」へとつながってゆく。さらに同年，株式の70％を取得することにより，「横浜ホテル」も傘下におさめている。当時の横浜は海外との窓口となっていたことに注意したい。横浜ホテルはやがて横浜駅東口から西口へと移転し，「横浜東急ホテル」となる。また，1961（昭和36）年には株式の65％を取得して「ホテル琉球」も傘下におさめ，「琉球東急ホテル」としてスタートさせた。これも「那覇東急ホテル」の前身である。

　この期間の中で，1956（昭和31）年に米国ヒルトンホテルのジョン・W・ハウザー副社長（肩書きは当時，以下同様）と，東急電鉄の五島昇社長ならびに五島慶太会長とが，ホテル建設について提携することで合意し，同年中に仮契約を締結した。仮契約の内容は，東急電鉄がホテルに適した土地を買収，または賃借して入手し，建設地の決定後に東急電鉄がホテルを建設し，ヒルトンホテルが運営を受託するというものであった。

　1958（昭和33）年に東京ヒルトンホテルが設立され，1961（昭和36）年，東急観光が経営していた赤坂の高級料理店「星ヶ丘茶寮」の敷地と，隣接する日枝神社の一部敷地にホテルが建設されることとなった。

　これが「東京ヒルトンホテル」であり，東京オリンピックを目前にした1963（昭和38）年に開業した。同ホテルは，東急関係のホテルのみならず，日本の多くのホテルに人材を輩出し，「ヒルトンホテル学校」と呼ばれたことも

よく知られている。

　強羅ホテル，バリホテル，軽井沢パークホテル，横浜ホテルはいずれも買収したホテルであったため，東急がゼロから立ち上げたという意味でも，この東京ヒルトンの存在感は大きい。しかし，東急が直接手がけた最初のホテルは，東京ヒルトンの開業が遅れたこともあり，別のホテルが先であった。リゾートでは，1959（昭和34）年に開業した「白馬東急ホテル」と1962（昭和37）年に開業した「下田東急ホテル」であり，都市部では，1960（昭和35）年に開業した「銀座東急ホテル」と，前述した1962（昭和37）年に新築移転開業した「横浜東急ホテル」である。その後，1964（昭和39）年，羽田空港に「羽田東急ホテル」も開業する。

（2）東急ホテルの発展

　そして，このようなホテルを束ねる存在として，1968（昭和43）年，「東急ホテルチェーン」が設立された。これまで独立性の高かった各ホテルを一元的に経営し，チェーン化によるメリットの享受も目指すものであった。1969（昭和44）年の「赤坂東急ホテル」（現在は「赤坂エクセルホテル東急」にリブランド）開業をはさんでこの流れはさらに加速し，既開業ホテル各社との業務受委託契約の締結を経て，1970（昭和45）年に，横浜東急ホテルを存続会社として，東急ホテルチェーン，羽田東急ホテル，赤坂東急ホテル，東急海外ホテル（海外ホテルの統括と運営を企図して1968（昭和43）年設立）が合併し，合併後の商号を東急ホテルチェーンに変更する第一次合併が行われた。続いて1971（昭和46）年に東急国際ホテルを存続会社として，東急ホテルチェーン，ホテル・ジャパ

写真10－5　赤坂エクセルホテル東急

ン東急（東京ヒルトンホテル経営のための
東急ホテルチェーンの子会社）の3社によ
る第二次合併が行われ，再び商号が東急
ホテルチェーンとなった。同社は1972
（昭和47）年に東京証券取引所2部上場
も果たしている。

写真10－6　名古屋東急ホテル

　1972（昭和47）年には琉球東急ホテル
が新館完成と同時に，そして日本復帰と
ほぼ同時に「那覇東急ホテル」と名称変
更した。その後は，1973（昭和48）年の
「札幌東急ホテル」を皮切りに，長崎，大阪，博多（アネックス），仙台，鹿児島，
京都，岡山，金沢，名古屋と展開され，1990（平成2）年の「東京ベイホテル東急」
の開業まで続く。

　なお，東京ベイホテル東急は，第一不動産が所有する物件を東急ホテルチ
ェーンが運営受託していた。これは，同社にとっては初の第三者との間での運
営受委託契約（第1章を参照）であった。2010（平成22）年で運営は終了し，「東
京ベイ舞浜ホテル・クラブリゾート」を経て，現在は「グランドニッコー東京
ベイ舞浜」となっている。

　また，海外では，まず東急海外ホテルによって1969（昭和44）年に「グァム
東急ホテル」が開業し，東急ホテルチェーンとの合併後の1971（昭和46）年に
は「ソウル東急ホテル」が開業，そして1972（昭和47）年に東急各社が出資し
て設立された東急ホテルズ・インターナショナルによって，1976（昭和51）年
に「ジャカルタ東急ホテル」が開業した。

　東京ヒルトンホテルは，1983（昭和58）年にヒルトンの海外部門が分社化し
たヒルトン・インターナショナル社との業務受委託契約が満了し，翌年から
「キャピトル東急ホテル」として再スタートを切った。同ホテルは，東急ホテ
ルにおけるフラッグシップに位置づけられることになる。

（3）東急インの発展と東急ホテルの変化
　東急グループにおいては，東急電鉄自らも「東急イン」のブランドでホテル
チェーンを展開した。

　東急インの第1号は，1973（昭和48）年に上田交通の子会社である上交開発によって開業した「上田東急イン」である。続いて，同年中に東急電鉄直営の第1号店として「京都東急イン」が開業した。その後，1970年代後半から80年代にかけて，日本全国に東急インは開業していく。

　東急インはほとんどが第三者から土地・建物を賃借しての直営であるが，一部にはグループ企業とのフランチャイズ契約によるホテルもある。

　順調にチェーン展開が進む一方で，東急電鉄は1992（平成4）年，東急インよりもやや上級の市場セグメントを対象とした「エクセルホテル東急」ブランドを開発し，同年，富山と博多に開業させた。また，1993（平成5）年には，「成田東急イン」に新館を開業し，「パンパシフィック・ホテルズ＆リゾーツ」（詳しくは後述）の加盟ホテルとなり，名称も「ホテル成田東急」となった。

　その後，「札幌エクセルホテル東急」が1996（平成8）年，「渋谷エクセルホテル東急」が2000（平成12）年に開業したが，同時期，「山形東急イン」が1994（平成6）年，「旭川東急イン」が1995（平成7）年，それぞれ閉館となっている。

　大きな流れとして見た場合，東急電鉄直営のホテル事業は，1970年代から80年代にかけて，「東急イン」ブランドでの展開が進んだが，90年代に入ってからは戦略を転換し，「エクセルホテル東急」ブランドでの展開が志向されるようになったことがうかがえる。

（4）ホテル事業の転換期：再編

　21世紀に入ると，東急グループ内でのホテル再編がなされることになった。

　2001（平成13）年，まず東急グループの国内ホテル運営会社として東急ホテルマネジメントが設立され，東急電鉄から東急インチェーンの運営が移管された。さらに，東急ホテルチェーンが株式交換によって東急電鉄の完全子会社となり，両チェーンの予約・販売機能を統合して，東急ホテルズ予約センターが開設された。加えて，2002（平成14）年，東急ホテルと東急インのチェーン名称を「東急ホテルズ」に統一した。同時に，4つのブランドに各ホテルを再編・整理することになった（東急ホテルズ・プレスリリース2002年3月29日より）。前後の時期に開業したホテルも含めた，当時のチェーンは以下の通りである。

■東急ホテル（10ホテル／3,794室）

【ブランド定義：信頼のおもてなしによる優雅な滞在を約束するラグジュアリーホテル】（東京ベイ以外は，○○東急ホテル）

［札幌，キャピトル，セルリアンタワー，羽田，東京ベイホテル東急，沼津，名古屋，京都，大阪，鹿児島］

■エクセルホテル東急（9ホテル／3,311室）

【ブランド定義：洗練された現代的なスタイルが特徴のスーペリアホテル】（いずれも○○エクセルホテル東急）

［札幌，仙台（← 仙台東急ホテル：ブランド変更，以下同様），富山，金沢（← 金沢東急ホテル），成田（← ホテル成田東急），赤坂（← 赤坂東急ホテル），渋谷，横浜（← 横浜東急ホテル），博多］

■東急イン（32ホテル／6,909室）

【ブランド定義：ビジネスパーソンをサポートするための機能的空間にこだわったスタンダードホテル】（弘前以外は，○○東急イン）

［北見，札幌，釧路，帯広，シティ弘前ホテル（提携），酒田，新潟，上田，前橋，福島，いわき，新橋愛宕山，渋谷，吉祥寺，大森，松本，名古屋丸の内，名古屋栄，新大阪江坂，大阪，神戸，和歌山，松江，広島，下関，徳島，高松，松山，小倉，博多（← 博多東急ホテル），熊本，鹿児島］

■東急リゾート（9ホテル／967室）

【ブランド定義：日常を離れたハイグレードなくつろぎを約束するリゾートホテル】

［ホテルグランデコ（＊），白馬東急ホテル，蓼科東急リゾート，鹿教湯温泉ホテル東急（＊），草津温泉ホテル東急（＊），伊香保東急ビラ（＊），今井浜東急リゾート，下田東急ホテル，宮古島東急リゾート］（＊は提携）

合計で60ホテル，14,981室の規模となった（当時）。

（5）新体制での施設「リストラ」と新ブランド

しかし，これと前後するようにホテルの閉館が相次いでいる。2000（平成12）年に那覇東急ホテルと長崎東急ホテル（その後，IHG・ANAホテルズのフランチャイズ（第1章を参照）で長崎全日空ホテルグラバーヒルとして営業し，現在は

ANA クラウンプラザ長崎グラバーヒル），2001（平成13）年に銀座東急ホテルと岡
山東急ホテル，佐賀東急イン（その後，東横イン佐賀駅前に），2002（平成14）年
に京都東急インとサロマ湖東急リゾート（その後，「阿寒グランドホテル」が「サ
ロマ湖鶴雅リゾート」として営業），札幌東急ホテルが，それぞれ閉館すること と
なった。

　また，2004（平成16）年には，羽田東急ホテルの営業も終了となったが，同
年中に「羽田エクセルホテル東急」として生まれ変わることになる。2006（平
成18）年には大阪東急ホテルと前橋東急イン（その後，前橋ホテルに）が，2007（平
成19）年にはかつて博多東急ホテルだった博多東急イン（その後，西鉄イン福岡
に）がそれぞれ閉館している。

　一方で，後ろ向きの施策だけだったわけではない。

　2001（平成13）年には，本拠地の渋谷，かつての東急本社跡地に立てられた
超高層ビル内に「セルリアンタワー東急ホテル」が開業した。また，横浜シテ
ィ・マネジメントが経営する「パンパシフィックホテル横浜」は，2007（平成
19）年，同社のホテル事業部門営業終了に伴い，翌年より東急ホテルズの直営
ホテルとし，名称も「パンパシフィック横浜ベイホテル東急」としてスタート
することになった。同ホテルは，世界10ヶ国で12ホテルを展開していたパン
パシフィック・ホテルズ＆リゾーツが運営するホテルであった。なお，パンパ
シフィックは2007（平成19）年まで東急グループの一員であったが，シンガポー
ルに本拠を置くUOLグループとなった。現在は同ブランドの他に，「パーク
ロイヤル」も傘下に置いている。横浜ではパンパシフィックとの提携関係を維
持する一方で，東急ホテルズにおいてホテル運営会社を新設し，直接運営する
ことになった。

　2009（平成21）年には，「ホテル東急ビズフォート那覇」が開業した。「ホテ
ル東急ビズフォート」は，「宿泊特化型ハイグレードビジネスホテル」として
位置づけられ，ハードとソフトとの両面から，ホテル滞在中を通した顧客の快
適性向上を徹底的に追求していくことを基本コンセプトとしていた。主たる対
象顧客層は，30歳〜40歳代のビジネス客であった。

　主な特徴として，客室は1室の面積を18㎡程度とし，ワイドサイズのダブ
ルベッドにデュベスタイルの羽毛布団を用意，さらにマッサージチェアも導入
し，加えてバスルームには多機能シャワーを設置している。そして，セルフ端

末機の導入によるスムーズなチェックイン／アウトや，宿泊客以外の客室フロアへのアクセスを制限するなど，ホテル内セキュリティも強化していた。

その後，「ホテル東急ビズフォート神戸元町」，「ホテル東急ビズフォート博多」，「ホテル東急ビズフォート那覇」が2009（平成21）年に開業したが，現在はいずれも後述する「REIホテル」ブランドとなっている。

2010（平成22）年にはザ・キャピトルホテル東急が開業した。ここはセルリアンのさらに上のランクを目指し，最低でも45㎡の広さを確保した客室は，ラックレートで6万円台後半からの設定とした。

写真 10 － 7　ザ・キャピトルホテル東急の名物：ロビーの装花

一方で，2010年代も閉館や運営撤退によりチェーンの再編成が進められた。2015（平成27）年には新しいブランドの「東急REIホテル」が開発され，「東急ホテル」と「エクセルホテル東急」の3ブランド体制に徐々に移行していった。R：Relax，E：Enjoy，I：Impressive の頭文字を取ってつけられている。また，2019（令和元）年には親会社が東急株式会社となり，グループの体制が一新された。

2020年時点では以下のホテルが存在する。2002年と比較してみると興味深い。

■東急ホテル（14ホテル／3,794室：いずれも○○東急ホテルまたは○○ホテル東急）
【ブランドコンセプト：期待を超える優美な非日常】
［裏磐梯グランデコ，ザ・キャピトル，赤坂，セルリアンタワー，東京ベイ，金沢，名古屋，白馬，蓼科，伊豆今井浜，下田，富士山三島，京都，宮古島］

■エクセルホテル東急（9ホテル／3,311室：いずれも○○エクセルホテル東急）

　【ブランドコンセプト：心おどる非日常への扉】

　［札幌，渋谷，渋谷ストリーム，羽田，二子玉川，富山，大阪，松江，博多］

■東急REIホテル（21ホテル／6,909室：いずれも○○東急REIホテル）

　【ブランドコンセプト：日常のくつろぎと小さな感動】

　［札幌，渋谷，東京虎ノ門，大森，吉祥寺，川崎キングスカイフロント，横浜，
　長野，上田，名古屋栄，大阪，新大阪江坂，神戸三宮，神戸元町，広島，高
　松，松山，博多，熊本，鹿児島，那覇］

　　　　　　　　　　　　　　　　　　　※他に，提携ホテルが存在。

そして，ここまで「東急」のブランドにこだわってきた同チェーンに，2023（令和5）年に初めて，東急の2文字がつかないホテルが開業した。それも2軒同時である。それが「BELLUSTAR TOKYO」と「HOTEL GROOVE SHINJUKU」であり，前者はパンパシフィックの，後者はパークロイヤルの，それぞれサブ・ブランドがついている。

写真10-8　BELLUSTARとGROOVEが入る東急歌舞伎町タワー

４．阪急阪神第一ホテルズ

（1）阪急ホテルズ

　「阪急阪神第一ホテルグループ」は，2000（平成12）年の「第一ホテル」破たんに伴い，阪急系のホテルと第一ホテルチェーンとが統合したのち，2006（平成18）年の阪急電鉄と阪神電鉄の親会社統合により誕生した。

　阪急グループとホテルとのかかわりは古く，1926（大正15）年に「宝塚ホテル」を開業したところにさかのぼる。同ホテルは2020（令和2）年に移転開業した。本格的なものは1964（昭和39）年に開業した「新阪急ホテル」が最初となる。その後，各地に同ブランドでホテルを展開したほか，1997（平成9）年

にはフラッグシップとなる「ホテル阪急インターナショナル」を開業している。

（2）第一ホテル

第一ホテルは 1937（昭和 12）年に設立され，翌 1938（昭和 13）年に開業した「新橋第一ホテル」をはじめとして，「第一ホテル」のブランドと，「東京第一ホテル」のブランドを用いたミッドプライスからエコノミー・クラスのホテルや，エコノミーからバジェット・クラスの「第一イン」ブランドのホテルを展開していた。

もともとは中価格帯から低価格帯のホテルを得意としていたが，バブル景気の頃に高価格化を進め，1988（昭和 63）年に「第一ホテル東京ベイ」，翌 1989（平成元）年に「第一ホテルアネックス」，1992（平成 4）年に「第一ホテル東京シーフォート」，1993（平成 5）年には「第一ホテル東京」と，立て続けに高価格帯の施設を投入していった。

バブル期の過剰投資やその後の不況による売上低下から経営が悪化し，2000（平成 12）年に経営破たんしてしまった。この時に「阪急東宝グループ」が再建の支援をすることになり，翌 2001（平成 13）年から阪急ホテルズに統合され，阪急第一ホテルグループとなった。ただし，それまでの第一のブランド名は引き続き使われている。

（3）ホテル阪神

1967（昭和 42）年に梅田駅近くで「ホテル阪神」が開業した。1999（平成 11）年にはかつて阪神電鉄の福島駅があった現在地に移転している。

2006（平成 18）年に阪神電鉄がホテル阪神株を阪急ホテルマネジメントに譲渡し，2008（平成 20）年に阪急ホテルマネジメントに吸収合併された。同時に阪急阪神ホテルズと商号が変更された。

（4）阪急阪神ホテルズ

合併後に商号が変更されたと同時に，ホテルのグループ名も変更されたが，こちらは「阪急阪神第一ホテルグループ」となっている。合併を繰り返したため，期せずしてラグジュアリーからバジェットまで幅広く揃えたチェーンとなった。

写真 10 − 9　ホテル阪急レスパイア大阪のロビー

　2019 年 11 月には，梅田地区のホテル再編を視野に入れて開発された「ホテル阪急レスパイア大阪」が「ヨドバシ梅田タワー」に開業している。

5．JR ホテルグループ

　旧国鉄から継承したホテルと，JR 化後に新しく開業したホテルとで構成される。

　気をつけなければならないのは，JR の資本が入っていたり，JR 各社のホテルグループに入っていたりしても，必ずしも JR ホテルグループに入っているとは限らないという点である。

（1）JR 北海道

　JR 北海道は，オークラ・ニッコー・ホテルマネジメントが JAL ホテルズだった時代から運営受委託（MC）契約を結び，「JR 北海道ホテルズ」を形成している。同ホテルズのうち，「JR タワーホテル日航札幌」と「ホテル日航ノースランド帯広」が JR ホテルグループに所属しているが，札幌，札幌駅南口，帯広，旭川，千歳，函館などの各「JR イン」は JR ホテルグループ

写真 10 − 10　JR タワーホテル日航札幌

には属していない。

（2）JR東日本

　JR東日本では，「JR東日本ホテルズ」という名称の下に複数のホテルブランドをまとめてグループとしている。「東京ステーションホテル」，「メズム東京，オートグラフ・コレクション」，「メトロポリタンホテルズ」と「JR東日本ホテルメッツ」の各ホテル，「ホテルドリームゲート舞浜」，「同アネックス」，資本・業務提携関係にある「ホテル，ニューグランド」がJRホテルグループに属している。一方，「ファミリーオ」などはJRホテルグループに所属していない。

写真10-11　東京ステーションホテルのアトリウム

（3）JR東海

　民営化後にホテル展開をスタートしたJR東海では，子会社のジェイアール東海ホテルズが「アソシア」のブランドを軸に傘下の6ホテルを統制している。そのうち，「名古屋マリオットアソシアホテル」のみがJRホテルグループに所属していない。

（4）JR西日本

　JR西日本では，「JR西日本ホテルズ」として「グランヴィア」ブランド（京都，大阪，和歌山，岡山，広島），「ヴィスキオ」ブランド（京都，大阪，尼崎）を展開している。その中には，「グランヴィア」の各ホテル，1909（明治42）年開業の「奈良ホテル」が含まれるが，別の子会社が運営する「ヴィアイン」はJR

ホテルグループにも JR 西日本ホテルズにも所属していない。なお，奈良ホテルは歴史的経緯から近鉄グループの都ホテルと共同経営であったが，2018（平成30）年に JR 西日本の完全子会社となった。

（5）JR 四国

　JR 四国では，「JR 四国ホテルグループ」というグループ名を用い，「クレメント」のブランドで展開されている。いずれも JR ホテルグループでもある。なお，関連会社として「四万十の宿」も存在する。

（6）JR 九州

　JR 九州は JR 九州ホテルズにより「ブラッサム」，「JR 九州ホテル」の各ホテルや他ブランドの宿泊施設も展開し，九州地区の施設は JR ホテルグループにも所属している。別の関連会社による「JR ホテル屋久島」などは JR ホテルグループに所属していない。

6．オークラ・ニッコー・ホテルマネジメント

　1962（昭和37）年開業の「ホテルオークラ」を軸として，1978（昭和53）年に「ホテルオークラチェーン」が発足し，1998（平成10）年には「オークラ・ホテルズ＆リゾーツ」となった。国内主要都市に進出するほか，比較的早くから海外にも進出し，1971（昭和46）年に開業した「ホテルオークラアムステルダム」を皮切りに，ソウル，上海，マカオ，バンコク，台北などにも進出していた。

　一方，1970（昭和45）年に日本航空が設立した日本航空開発は，日本航空の就航先を中心として国内外にホテルを展開し，1996（平成8）年に「JAL ホテルズ」となった。最盛期には，ニューヨークの名門「エセックスハウス」を買収するなどしていたが，親会社の業績悪化にも引きずられて次第に規模を縮小し，その主力はアジアにシフトしていった。

　同社のもう1つのブランドである「ホテル JAL シティ」は，1992（平成4）年に最初の施設が開業した宿泊主体型のホテルである。国内の就航都市や県庁所在地クラスの都市を基本にチェーンを展開している。

　結果としてJALホテルズは、「ホテル日航」や「日航ホテル」のブランドで海外主要都市と国内の大都市に、「ホテルJALシティ」のブランドで国内主要都市にチェーンを展開していた。これは、かつての「航空憲法」を彷彿とさせるが、2010（平成22）年、当時の日本航空インターナショナルが保有していたJALホテルズの株式の約8割をホテルオークラに売却した。その際、ブランド名はそのままとされた。

　これにより、傘下にオークラ・ホテルズ＆リゾーツ、ニッコー・ホテルズ・インターナショナル、ホテルJALシティのブランドを展開する一大ホテルチェーンが誕生するに至った。その後、2015（平成27）年には、ホテルオークラのチェーン運営部門と統合され、新たに「オークラ・ニッコー・ホテルマネジメント」となった。

　2019（令和元）年には東京が建て替えられ、「ジ・オークラ・トーキョー」となった。

写真10－12　建替え前のホテルオークラ東京と建替え後のジ・オークラ・トーキョー

7．その他の鉄道・航空系チェーン

　以上の他にも、小田急電鉄はグループホテルとして、「ハイアット・リージェンシー東京」や「ホテルセンチュリーサザンタワー」などの都市部立地の施設と、箱根を中心に複数のリゾート施設や旅館を持っている。2015（平成27）年には、宿泊施設の企画・開発を手がけるUDSを買収し、「温泉旅館 由縁」の開発なども実現している。

　京王電鉄は，1971（昭和46）年に開業した「京王プラザホテル」の他に，近年新しく「プレッソイン」，「プレリア」のブランドを開発し，ホテルを展開している。

　「近鉄ホテルシステムズ」は，「都ホテルズ＆リゾーツ」のブランドで都ホテルをはじめとした多くのホテルを経営している。京都の名門「ウェスティン都ホテル京都」や日本一の超高層ビル「あべのハルカス」内の「大阪マリオット都ホテル」，サミットが開催された「志摩観光ホテル」のような特徴的なホテルが傘下にある。前述したように「奈良ホテル」もかつては株式の半分を所有していた。

　他にも JTB 系だったが，2014（平成26）年に相模鉄道に買収された「サンルートホテルチェーン」などが大手のチェーンと目されている。

　全日空によるホテル展開は，第6章の「4．インターコンチネンタル・ホテルズ・グループ」を参照されたい。

　近年の航空会社はホテル経営から一歩引いており，鉄道会社は，相対的に低価格のバジェット／エコノミー・クラスのホテルに注力するようになっている。この点は次章で詳述する。

主要参考文献

上之郷利昭（1985）『西武王国 堤一族の血と野望』講談社。
東急ホテルチェーン編（1990）『東急ホテルの歩み』東急ホテルチェーン。

　　　　　　　　　　　　　　　　　　　　　　　　　　　　（徳江 順一郎）

第11章 その他のホテルチェーン・ホテル企業

1．不動産会社系列のチェーン

　かつての不動産会社が手がける事業は，オフィス賃貸と住宅分譲が2本の柱となっていた。しかし最近は，宿泊事業も不動産会社にとっての大きな収益源としてみなされるようになり，大々的に参入してきている。

（1）森トラスト・ホテルズ＆リゾーツ

　ここ最近，「台風の目」となっているのが森トラスト・ホテルズ＆リゾーツである。大手不動産会社の森トラストの系列であり，同社が所有するビルに入居しているケースも多い。

　同社は「ラフォーレ」のブランドで，全国各地に都市立地のホテルとリゾート・ホテルを経営・運営してきたが，近年は，「マリオット」に運営を委託するようになってきている。リゾートでは，蔵王，那須，箱根の強羅，伊東，修善寺，山中湖，軽井沢，白馬八方，琵琶湖，南紀白浜などに，いずれもラフォーレを冠した施設があった。2020年現在，このうち修善寺の一部，山中湖，軽井沢，琵琶湖，南紀白浜はマリオットに，白馬はコートヤードにそれぞれリブランドされている。蔵王，那須，箱根強羅，伊東，修善寺の一部はラフォーレのままである。都市立地ではマリオットに運営委託している施設ばかりとなっている。「翠嵐ラグジュアリーコレクションホテル京都」，「ウェスティンホテル仙台」，「東京マリオットホテル」，「コートヤード・バイ・マリオット東京ステーション」などを経営している。このうち東京マリオットホテルは，かつて御殿山ヒルズとしてオープンした御殿山トラストシティに位置する，「御殿山ヒルズ・ホテルラフォーレ東京」の運営をマリオットに委託したものである。

　なお，ヒルトンに運営を委託している「コンラッド東京」を経営するMT＆

ヒルトンホテルも関連会社である。

写真 11 − 1　パークハイアット上海が
入る上海環球金融中心

（2）森ビルホスピタリティコーポ
　　　レーション

　一方，森トラストとかつては同じ
会社であった森ビルは，子会社の森
ビルホスピタリティコーポレーショ
ンがハイアットと提携し，「グラン
ドハイアット東京」，「アンダーズ東
京」，「パークハイアット上海」を経
営している。ホテルは，ずっとこれ
だけであり，むしろ手堅い印象があ
ったが，2023（令和5）年に完成す

（以下，本章内の写真は特記以外著者撮影）

る「麻布台ヒルズ」に，アマンリゾーツとの提携による同社の新ブランド「ジ
ャヌ東京」と「アマンレジデンス東京」が開業することになった。

（3）三菱地所：ロイヤルパークホテルズ

　その他の大手不動産会社も，ホテル業への進出に熱心である。

　三菱地所が展開しているのが「ロイヤルパークホテルズ」である。1989（平
成元）年に箱崎の東京エアシティターミナル隣接地に開業した「ロイヤルパー
クホテル」を皮切りに，竣工時は日本一高いビルだった横浜ランドマークタ
ワー内に開業した「横浜ロイヤルパークホテル」などをチェーンに従えている。

　最近，「ザ・ロイヤルパーク」，「ザ・ロイヤルパーク・キャンパス」，「ザ・
ロイヤルパークホテル・アイコニック」という新しいブランドでの展開を進め
ている。

　なお，2028年竣工予定の「東京トーチ」内で国内最高層となる「トーチタ
ワー」には，わが国初進出となる「ドーチェスター・コレクション」を誘致し
た。

（4）三井不動産：三井不動産ホテルマネジメント／リゾートマネジメント他

　三井不動産グループで中心となってホテルを開発してきたのは，三井不動産

ホテルマネジメントである。同社はもともと，1981（昭和56）年にガーデンホテルズとして設立された。親会社が所有する物件での直営を基本としている。価格帯はミッドプライスからアップスケールに位置しており，派手やかなイメージはないが，デザイン性の高い施設も開発するなど，三井らしい堅実な展開を行っている。

写真 11 － 2　三井ガーデンホテル
六本木プレミア

首都圏では銀座，上野，汐留，四ツ谷，六本木などときめ細かく展開し，地方都市では札幌，仙台，岡山，広島といった拠点となる都市に立地している。この点ではきわめてオーソドックスなチェーン展開といえよう。奈良，長野，姫路といった都市にも施設があったが，いずれも 2000 年代半ばにチェーンから外れている。最近は，やや上位の「プレミア」シリーズに注力している。

一方，東京駅八重洲口近くに存在した「ホテル国際観光」の代替物件として 2002（平成14）年に開業したのが「セレスティンホテル」である。同社は 2015（平成27）年に三井不動産ホテルマネジメントと合併し，2017（平成29）年に改装して「ホテル・ザ・セレスティン東京芝」となった。同年には「ホテル・ザ・セレスティン京都祇園」，「ホテル・ザ・セレスティン銀座」と立て続けに開業し，今後の展開が注目される。さらに，2020（令和2）年からは「sequence」のブランドも展開している。

一方，これとは別に，三井不動産は多くのホテル関連企業にも投資をしている。「帝国ホテル」の筆頭株主であることは有名だが，他にもハワイを代表するリゾートである「ハレクラニ」，当初はヤマハリゾートが開発した沖縄の八重山諸島・小浜島にある「はいむるぶし」，そして 2021（令和3）年に子会社となった，「東京ドームホテル」や札幌，熱海の「後楽園ホテル」を経営する東京ドームの親会社でもある。

さらに，2019（令和元）年に開業した「ハレクラニ沖縄」，2020（令和2）年に開業した「フォーシーズンズホテル東京大手町」，「HOTEL THE MITSUI KYOTO」の経営会社である三井不動産リゾートマネジメントは，今後の同社

関連のラグジュアリー施設を統括すると目される。日本初進出となる「ブルガリホテル東京」も同社の手で 2023 年に開業した。

　前述の「はいむるぶし」以外にも，伊勢志摩で「鳥羽国際ホテル」，「NEMU RESORT」を経営する伊勢志摩リゾートマネジメント，「アマネム」を経営する志摩リゾートマネジメントなどが関連会社となっている。

写真 11 － 3　アマネム

（5）旧・三井観光開発

　実は過去に，これとは別に「三井」を冠したホテルチェーンが存在した。

　北海道炭礦汽船の関連会社として設立された北海道不動産がかかわって，札幌を代表するホテルとして札幌グランドホテルが 1934（昭和9）年に開業した。札幌グランドホテルは 1962（昭和37）年に北海道不動産と合併し，北海道不動産は 1971（昭和46）年に三井観光開発と名称を変更する。一方，1964（昭和39）年に開業した札幌パークホテルも 1978（昭和53）年には三井観光開発と合併し，前後して，この 2 軒をフラッグシップとして三井アーバンホテル・チェーンを展開していった。ただし，いわゆる「三井グループ」との直接的な関係はない。

　バブル崩壊後の不況と，親会社である北海道炭礦汽船の経営不振とが重なり，2005（平成17）年に経営再建が行われることになった。2007（平成19）年に「グランビスタ・ホテル＆リゾート」の名称に変更され，傘下のゴルフ場やホテルから三井の名称が消えていった。同時にホテルは大和証券系列のファンドに不動産を売却し，経営や運営に特化する方向になりつつある。ホテルのブ

写真 11 － 4, 写真 11 － 5　札幌グランドホテルと札幌パークホテル

ランドとしては，宿泊主体型には「コムズ」を用いていたが，その後はこのブランドは減少し，2020 年現在は「インターゲート」がいくつかの施設にあるものの，統一性はない。

（6）住友不動産

　住友不動産系列のヴィラフォンテーヌは，親会社の遊休地活用も目的の 1 つとして，1997 年に大阪の心斎橋と東京の日本橋に 2 軒の合計 3 軒を一挙に開業した。その後，順調にチェーン展開し，最近ではハイグレードとスタンダードを分け，さらにヴィラージュのブランドでリゾートにも進出している。

　2023 年，羽田空港すぐそばに合計約 1,700 室もの客室を持つ施設を，「グランド」と新投入の最高級ブランド「プレミア」で開業させた。

（7）モントレ

　大阪の不動産会社のマルイトが 1986（昭和 61）年にホテル事業に進出する際にモントレのブランドを採用したのが，ホテルモントレ・グループのはじまりである。1995（平成 7）年に，ホテル部門がホテルモントレとして独立した。親会社のマルイトが所有する建物に入居する形態で経営されているケースが多い。主に西洋各地の伝統的建築様式がモチーフとなったデザインを採用している。

　1986（昭和 61）年 4 月にホテルモントレ山王（2011（平成 23）年閉館）を開業してから，1989（平成元）年 10 月にはホテルモントレ神戸，1992（平成 4）年 7 月にはホテルモントレアマリー，1994（平成 6）年 6 月にはホテルモントレ札

幌と一定のペースで開業している。特筆すべきは，東京 → 神戸 → 神戸 → 札幌と，かなり初期から全国的な展開を視野に入れていたと考えられることと，2000（平成12）年6月にホテルモントレ銀座とホテルモントレ・ラ・スール・ギンザを同時に開業していることである。また，同年12月には札幌で2軒目となる，ホテルモントレ・エーデルホフ札幌も開業している。

　他にも仙台，モンテ・エルマーナ仙台，半蔵門，赤坂，横浜，京都，大阪，ラスール大阪，グラスミア大阪，ラスール福岡，長崎と進出している。ほとんどの進出先が県庁所在地クラスであり，かつうまみがある市場と判断した場合には2軒，3軒と出しているようである。

（8）ヒューリック

　2010年代になってから急速に存在感を増したのがヒューリックである。2016（平成28）年に京浜急行から「ホテルグランパシフィック・ル・ダイバ」の土地を取得し，「オークラニッコー・ホテルマネジメント」に運営を委託し，「グランドニッコー東京台場」としたことで話題となった。2019（令和元）年には建物も買収している。他にも，「東京ベイ舞浜ホテル」，「東京ベイ舞浜ホテルクラブリゾート」，「ホテル日航金沢」

写真 11 − 6　浅草ビューホテル

などに投資している。2019（令和元）年には「浅草ビューホテル」などを経営する「日本ビューホテル」を子会社化している。

　直営の施設としては，2012（平成24）年に開業した「THE GATE HOTEL 雷門 by HULIC」，2018（平成30）年に開業した「THE GATE HOTEL 東京 by HULIC」がある。

　また，カトープレジャーグループとの提携により，熱海や河口湖の「ふふ」，「箱根翠松園」，「ATAMI 海峯楼」などの経営にもかかわっている。

（9）その他

　電鉄系の東急とは別に，東急不動産も会員制の宿泊施設（詳しくは後述）以

外に「東急ステイ」のブランドで，全国に30以上のホテルを展開している。

　また，野村不動産は2018（平成30）年に「NOHGA HOTEL（ノーガ・ホテル）」のブランド展開をスタートしたが，翌2019（平成31）年に「庭のホテル」を買収した。

2．バジェットやエコノミー中心のチェーン

　かつてビジネスホテルと呼ばれたホテルは，近年の5段階分類でいえばバジェット・クラスやエコノミー・クラスということになる。このクラスを展開するチェーンとしては，「APAホテル」と「ルートイン」，そして「東横イン」がトップ3である。なお，この3チェーンはいずれも，バジェットに相当する。

（1）APAホテル
　APAホテルはもともと，1971（昭和46）年に創業した石川県の住環境メーカーである信金開発からスタートした。その後，不動産を中心として事業展開し，ホテルは1984（昭和59）年に金沢で開業したのが第1号である。現在では主力のアパホテルの他にやや高級版のアパヴィラホテルも展開している。2019年11月期連結決算では，1,371億円の売上となっている。

（2）ルートイン
　ルートインは，1977（昭和52）年に永山興産として創業し，1985（昭和60）年に1号店となる上田ロイヤルホテルを開業している。駅前や繁華街立地が多い他のチェーンと異なり，高速道路のインターチェンジ周辺に立地する施設が多いのも特徴である。2019年3月期売上高は，1,252億円である。

（3）東横イン
　東横インは，1986（昭和61）年に蒲田で第1号のホテルがスタートしている。設備を簡素にし，さらに予約は自社で直接受けつけるのみとするなど，徹底したコスト削減で低価格を実現している。2019年3月期には，約900億円の売上となっている。

（4）その他のバジェット・エコノミー

　他にも，ダイワロイヤルが運営する「ダイワロイネットホテル」や，東京，名古屋，大阪といった大都市を避けるように北陸を中心として展開している「ホテルアルファーワン」といったところが注目されている。

　やや価格帯が上のエコノミー・クラスでは，共立メンテナンスが経営する「ドーミーイン」の評価が高い。大浴場に複数の種類の天然温泉を設置し，朝食にも注力して人気を博し，2019年3月期の売上高は約460億円となっている。

（5）鉄道系バジェット・エコノミー

　この分野で最近，急速にチェーンを伸ばしているのが，「京王プレッソイン」，「相鉄フレッサイン」，「京急EXイン」，「西鉄イン」，「名鉄イン」といった鉄道系のチェーンである。鉄道各社は，ともにかつてはいわゆるシティホテルに力を入れていた。京王電鉄による「京王プラザホテル」，西日本鉄道による「西鉄グランドホテル」や「ソラリア西鉄ホテル」のように，都市部にフラッグシップとなる施設を置きつつチェーン展開しているものから，京浜急行電鉄による「ホテルパシフィック」（現在は業態転換）や「ホテルグランパシフィック」（2016年よりグランドニッコー東京台場），相模鉄道がマリオットに運営を委託して経営している「横浜ベイシェラトン」のように単体でかかわっているものまで多彩であった。

　しかし，ここ数年は，バジェットからエコノミー・クラスのホテルに対する注力が目立つようになってきている。第10章で述べたように，相模鉄道はサンルートも傘下におさめたことで，一挙にわが国有数のホテルチェーンに躍り出た。

3．リゾート・旅館

（1）大手のリゾート・旅館チェーン

　ドーミーインを経営する共立メンテナンスは，リゾート地，温泉地において展開し，2020（令和2）年現在ではリゾートホテル，旅館30施設以上を経営している。ただし，各施設に統一的なブランドが与えられていないため，チェーンとしての一体感は必ずしも保持していない。チェーン内に旅館タイプ，リ

写真 11 － 7　共立メンテナンスによる深山桜庵

写真 11 － 8　富士屋ホテル

ゾートホテルタイプ，リゾートマンションタイプが混在しているのが特徴である。

　海外展開にも積極的な「星野リゾート」はもともと，1914（大正 3）年に創業した星野温泉旅館が源流となっている。1995（平成 7）年に星野リゾートとなってからは，一気に日本中に勢力を広げ，2018（平成 30）年にはバリ島にも進出した。ラグジュアリーな和の滞在体験の提供を目指す星のや，心地よい上質な滞在を目指す界，自然とともにラグジュアリーな滞在を目指すリゾートのリゾナーレの 3 つのブランドを中心にしてきたが，近年は 2018（平成 30）年に都市観光向けのホテル OMO，2019（令和元）年には BEB を開業し，旅行者のスタイルに合わせて適宜使い分けて幅広く展開している。

　バス事業を展開する国際興業は，箱根の「富士屋ホテル」をはじめとした「富士屋ホテルズ＆リゾーツ」を傘下に置くほかに，花巻温泉に 4 施設，さらにハ

ワイに「ザ・ロイヤル・ハワイアン」や「ウェスティン・モアナ・サーフライダー」や複数のシェラトンの経営会社もグループとなっている。

　オリックスは Orix Hotels & Resorts として，都市型ホテルを含む 12 施設を展開している。旅館・リゾート形式としては函館・湯の川温泉の「ホテル万惣」，会津・東山温泉の「御宿 東鳳」，箱根の「はなをり」，熱海の「大月ホテル和風館」，「ホテルミクラス」，宇奈月温泉の「やまのは」，下関の「春帆楼」，別府温泉で最大規模となる「杉乃井ホテル」，そしてヒルトンに運営を委託している沖縄の「ヒルトン沖縄北谷リゾート」，「ダブルツリー by ヒルトン沖縄北谷リゾート」がある。

　前述のヒューリックも施設取得に熱心であるし，今後も変化が生じることが推測される。

（2）会員制のチェーン

　他にも，会員制を基本とする企業も，一定のプレゼンスを持っている。

　リゾートトラストは，「ベイコート倶楽部」，「エクシブ」，「リゾーピア」，「サンメンバーズ」，「ザ・ロッジ」といったブランドを展開している。主力はエクシブで，全国に 30 施設近くある。ベイコート倶楽部は都市型リゾートに近い位置づけであり，東京の有明，横浜，愛知の蒲郡，兵庫の芦屋にある。それ以外は 15 施設となっている。

　近年新しく開発されたのが「サンクチュアリコート」であり，2024 年に第 1 号が飛騨高山で開業予定である。

　東急不動産による「東急ハーヴェストクラブ」は 1988（昭和 63）年に蓼科で

写真 11 － 9　東京ベイコート倶楽部

スタートし，会員数2万5千人を誇り，首都圏近郊を中心に30施設を展開している。近年はサスティナビリティに注力しており，バイオマスボイラーの導入など，さまざまな施策を実施している。

（3）地方拠点のチェーン

　北海道を拠点とするカラカミ・ホテルズ＆リゾーツ（旧：カラカミ観光）は，1953（昭和28）年に呉服店としてスタートした。最初の旅館は，1965（昭和40）年に開業した「ニュー阿寒ホテル」であった。北海道中心に展開をしていたが，その後，本州へも進出している。

　同じく北海道を拠点としているのが，1981（昭和56）年にルスツリゾートの経営を引き継いだ加森観光である。1998（平成10）年に「アルファリゾート・トマム」の運営を引き継いでからは，多くの再生案件を手がけた。トマムは手放したが，「十勝サホロリゾート」，「ニセコグランドホテル」などを経営している。

　なお，北海道ではもう1社，複数の旅館やホテルを展開する企業として野口観光を挙げておきたい。同社は登別，洞爺湖，層雲峡などの温泉地で旅館を展開するほか，本州でも湯河原の「海石榴」や「山翠楼」のような有名旅館を買収して話題となった。

　また，沖縄を拠点としているのがザ・テラスホテルズで，1997（平成9）年に開業した「ザ・ブセナテラス」は今でも沖縄で最高級の施設の1つである。また，リージェントが1986（昭和61）年に開業した「リージェント沖縄」を，全日空ホテルを経て1999（平成11）年に引き継いだのが「ザ・ナハテラス」である。他に「ジ・アッタテラスクラブタワーズ＆ゴルフリゾート」と「ザ・テラスクラブ・アット・ブセナ」を経営している。2016（平成28）年には，全室プール付きのヴィラで構成される「ジ・ウザテラス」を開業している。

（4）再生案件を主とするチェーン

　他にも最近，勢いがあるのは，大江戸温泉物語グループ，湯快リゾート，伊東園グループ，海栄RYOKANSといった再生案件を中心に手がけて旅館のチェーン化に成功しつつある企業である。

　大江戸温泉物語グループは2001（平成13）年に創業し，2003（平成15）年に

写真 11 － 10　大江戸温泉物語・伊東ホテルニュー岡部

出典：大江戸温泉物語グループ提供。

日本初の温泉テーマパークとして東京のお台場に日帰り入浴施設を開業させた
のがはじまりである。2007（平成 19）年からは，破綻した旅館の再生事業を開
始し，2020 年現在，日本全国に約 40 施設を展開し，日本最大級の旅館チェー
ンとなっている。2015（平成 27）年度に外資系投資会社のベインキャピタルに
買収された。

　ベインによる買収後は，出店を加速するための資金調達を目的とし，REIT
（不動産投資信託）を組成することになったが，これは世界初の温泉と温泉旅館
に特化した REIT であった。

　伊東園グループは，カラオケ店の歌広場を展開するクリアックスグループ
が，2001（平成 13）年に競売で伊東園ホテルを落札したところからスタートし
ている。2020 年現在，約 50 施設を展開している。

　湯快リゾートは，2003（平成 15）年にジャンボカラオケ広場を展開する東愛
産業が設立した。2020 年現在，西日本を中心に約 30 施設を展開している。

　海栄 RYOKANS は，1981（昭和 56）年に愛知県南知多で「海栄館」を開業
したのが最初である。2002（平成 14）年から再生案件を手がけるようになり，
新規に出店した施設も含め，2020 年現在では約 20 施設を展開している。他の
チェーンとは異なり，比較的高価格での再生を目指しているのが特徴であり，
事実，「記念日の宿」というキャッチフレーズを多用し，特別な日の利用をう
ながしている。

　再生案件で急成長した企業はいずれも，2000 年代前半から後半にかけて再
生を手がけるようになり，10 年足らずで急速なチェーン展開を果たしたこと

写真 11 − 11　海栄 RYOKANS・花乃丸

が大きなポイントである。

（徳江 順一郎，石川 達也，内田 彩）

第4部

宿泊産業を取り巻く状況

第12章　鉄道事業における宿泊

1．鉄道事業の歴史と宿泊

　宿泊事業との関連性として注目されるのは，交通手段としての鉄道事業である。世界的に俯瞰しても，近現代の宿泊事業の発展は近代交通業の代表格である鉄道事業とほぼ同時期に起こっている。本章では，宿泊事業の発展と歩みをともにした鉄道事業における宿泊のあり方および関連について述べる。特に，鉄道車内における宿泊である「寝台車」からクルーズトレインへの発展を中心に取り扱う。鉄道会社のグループ企業における宿泊施設としての「宿泊・ホテル事業」に関しては第10章と第11章を参照されたい。なお，国策に係わる鉄道事業と宿泊事業との関連として行われたホテル建設，ならびに食堂車の飲食事業についても簡潔に取り扱うこととする。

（1）黎明期の鉄道

　産業革命の所産である鉄道事業は，18世紀の英国で勃興した。「鉄道の父」といわれるジョージ・スチーブンソンが1825年にストックトン・アンド・ダーリントン鉄道を開通したのが，公共交通としての鉄道の最初である。蒸気機関を推進動力として利用した機関車（Steam Locomotive：SL）による鉄道は，瞬く間に欧米を中心とした世界各国に広まり，内陸交通の主役となった。物流としての貨物輸送とともに旅客輸送も発達し，大陸内における資源輸送および都市間輸送で大きな役割を果たした。

　旅客輸送の車両である客車はSLの牽引によるものであった。当初は馬車のスタイルを踏襲したものであり，コンパートメント（個室）タイプの車両であった。しかし，座席は木製であり，車両の構造も不安定だったため，長時間の乗車に耐えうるには劣悪な環境下にあった。これらの問題点を改良するためのイノベーションが各国の鉄道において行われ，車内のアメニティ改善につながり，鉄道のさらなる発展に貢献した。そして，この取り組みは現在も継続して

行われている。

　鉄道車輌におけるアメニティのイノベーションにおいて大きな発展を遂げていたのが，大陸横断鉄道を開通させていた米国であった。米国では国土事情に対応した鉄道の発展が目覚ましく，英国をはじめとするヨーロッパにはなかった新機軸が次々と打ち出された。

　中でも大きなイノベーションとしては，ヨーロッパが馬車を踏襲したコンパートメント客室であったのに対し，オープンスペースの開放型の客室を開発した点であった。また，2つの車軸の組み合わせにより車体に対して水平方向に回転することが可能な装置を持つボギー台車が開発された。これによりカーブの走行が円滑になり，安定性の面で飛躍的に向上した。

　これらの客車の改良に貢献したのが，ジョージ・プルマンであった。プルマンは家具の製造販売を家業としていたことから，劣悪な鉄道車輌のアメニティを改善させるためにプルマン社を設立，安定した車両構造と豪華な内装を施した客車を開発した（その後，プルマン社は分割・合併を繰り返し，現在，鉄道車輌部門はボンバルディア社に吸収され，プルマン社は自動車用ゴム部品を製造している）。

（2）寝台列車の登場

　プルマン社によって寝台車が導入されたのは1859年であった。当初は豪奢な内装を備えていなかったものの，折からの南北戦争による軍事輸送でプルマン社は財を成し，内装に力を入れた客車の開発に乗り出した。そして，1865年に満を持して登場した世界初の豪華寝台客車が「パイオニア号」であった。

　「パイオニア号」は当初，車両の高さや幅が大きく駅の構造に合わなかったため，導入が敬遠された。ところが，同年4月15日に当時の大統領エイブラハム・リンカーンが暗殺された際に，首都ワシントンD.C.から故郷近くのイリノイ州スプリングフィールドに葬送される際の霊柩運搬用としてこの車両が使用されたことから拡張工事が行われ，米国の鉄道各社で導入されるようになった。それだけではなく，リンカーンの葬送列車に使用されたことで各界の名士からパイオニア号をはじめとするプルマン客車への乗車希望が殺到し，大陸横断鉄道をはじめとする寝台車両にはプルマン社製の客車が導入された。特に上流階級の需要が大きかったニューヨーク－シカゴ間では「ホテルカー」が運行され，布張りのシートやカーペット，カーテンを備えた豪奢な寝台車両とと

もに食堂車，図書館車両を導入し，サービス・ホスピタリティ面の充実を図った。その後もプルマン社は発展を続け，1897年のプルマン死去後は，エイブラハム・リンカーンの長男であるロバート・トッド・リンカーンが同社の経営を引き継いだ。

（3）ヨーロッパにおける寝台列車および「オリエント急行」の登場

　プルマンにより開発された寝台車が米国で定着し始めた1867年，ベルギーの実業家であるジョルジュ・ナゲルマケールスが米国に遊学した。ナゲルマケールス家は銀行などを多角的に経営しベルギー王室の顧問を務めるほどの名家であり，ジョルジュ・ナゲルマケールスはその後継者であった。しかし，ナゲルマケールスは年上の従姉との恋愛が父親や親族からの猛反対を受け，両者は引き裂かれ，ナゲルマケールスは米国行きを強制された。

　ナゲルマケールスは2年間の米国滞在の間にプルマン社の客車に触れ，これを学んでヨーロッパ各国を跨ぐ国際列車用の客車の開発と運行を着想し，ベルギー帰国後の1870年にはヨーロッパ大陸の鉄道のための寝台車の導入を具体的に計画した。

　ナゲルマケールスの構想では，プルマンの寝台車がオープンスタイル（開放型）であったのに対し，個人主義志向が強いヨーロッパ人向けにコンパートメントスタイル（個室型）の寝台車を計画した。さらに車内のサービス担当者として，列車運行に携わる鉄道会社社員でなく，寝台車を保有する会社の社員を配置した。このことにより国ごとでサービス提供が途切れることが無くなり，始発から終着までサービス・ホスピタリティを提供するスタイルが確立した。

　その後は普仏戦争が起こったことなどにより事業は一時中断したが，1876年には国際寝台車会社（Compagnie Internationale des Wagons-Lits：CIWL・通称「ワゴン・リ社」）をベルギーの首都ブリュッセルで設立した。

　ワゴン・リ社は1883年にパリ－コンスタンティノープル（現在のトルコ共和国イスタンブール）間にオリエント急行の運行を開始した。マホガニー材を利用した調度品やベッド，ルネ・ラリックの製作によるガラス細工を中心とした室内装飾が寝台車を彩り，ヨーロッパ各地で産出された料理を提供する豪華食堂車やサロンカーが賑わいを生み出し，大好評を博した。当時，世界最長であったアルプス山脈を貫く19,803mのシンプロントンネルが1906年に開通したこ

とにより所要時間が短縮され，都市間輸送を通してアジア・アフリカ方面への大動脈としての役割を果たした。

　その後もワゴン・リ社は都市間輸送としての寝台列車であるパリーローマ間のローマ急行，パリからポルトガルの首都リスボンを結ぶ南急行，パリからペテルブルグ（現在のロシア共和国サンクトペテルブルグ）を結ぶ北急行を運行した。観光需要に対しても力を入れ，フランス領リヴィエラ（コートダジュール・現在のニース）への避寒地観光を目的とした寝台列車も運行し，寝台列車を中心としたヨーロッパ各国の鉄道網が確立した。このときに同社はリゾートホテルのフランチャイズ運営も手掛けているが，こちらは採算が取れず成功しなかった。この発展は二度の世界大戦を挟み，航空機による旅客輸送が勃興する1960 年代まで継続された。

（4）日本における鉄道のあゆみ

　わが国では，明治 5 年 9 月 12 日（グレゴリオ暦では 1872 年 10 月 14 日）に，新橋駅（貨物専用の旧汐留駅・現在のシオサイト付近）から横浜駅（現在の桜木町駅付近）の間で，初めての鉄道が正式に開業した。その後，順調かつ急速に鉄道網が全国に敷設された。理由としては，四方を海に囲まれている地勢上から軍事防衛の拠点に兵站の運搬を図る目的があったことと，峻険な山岳地帯を経て内陸地域に物流をもたらすことが挙げられる。明治維新後の富国強兵策を進めるためには，鉄道網の確立は不可欠であった。

　日清戦争後の明治 30 年頃（1890 年代後半頃）には，すでに現在の在来線鉄道網の大半は開通していた。ただし，日本は山岳地帯が多いことから，トンネルを避けるなどの縮小予算による建設を進めるため，線路幅を世界で採用されていた標準軌の 1,435mm ではなく，狭軌の 1,067mm を採用せざるをえなかった。このため機関車の出力に限界が生じ，高速で走行することも重量貨物を牽引することも不可能であった。

　JR の前身である日本国有鉄道（以降，「国鉄」と称する）で 1960（昭和 35）年に設置された動力近代化調査委員会において，燃費がかさみエネルギー効率が悪く安全性と快適性に難のある SL を計画的に廃止し淘汰することで，客車車両についても電車または気動車に置き換えるという「動力近代化計画」の方針が打ち出された。これにより，その後の国鉄においては SL の煤煙から解放さ

れる言葉として「無煙化」と称されるようになり，1975（昭和50）年の定期列車におけるSL廃止へとつながっていった。また，SL以外での電気機関車（EL）やディーゼル機関車（DL）との連結・切り離しを常時行う必要があるために，その都度作業の手間がかかる客車車両も次第に姿を消し，電車や気動車のように各車両に動力を分散させる方式に移行していった。現在における世界各国の高速鉄道においても，フランスのTGVに代表されるような動力集中方式と，日本の新幹線に代表される動力分散方式とに分かれる形で特徴づけられている。これも国鉄の大きな方向性の所産であり，在来線の鉄道車輛形成にも大きな影響を与えている。

（5）日本における寝台列車の導入

　日本における鉄道技術は主として米国と英国の技術を参考に発展されたものであったが，寝台車両においても同様であった。

　日本で初めて寝台車が導入されたのは1900（明治33）年，山陽鉄道（現在の山陽本線）の神戸―三田尻（現在の山口県防府）間である。東京―大阪・神戸間の東海道本線と違い，山陽鉄道の神戸―広島間は所要時間が長く，瀬戸内海の船舶航路とほぼ変わらなかった。SL牽引のため速度が遅かったことも原因であるが，通称「セノハチ」と呼ばれる瀬野（広島市安芸区）―八本松（東広島市）間の22.6‰もの急勾配による難所で，補助機関車の付け替えなどが必要となるボトルネック区間が存在したことも大きな要因であった。こうしたことから，瀬戸内航路に対する競争力向上のためにサービス・ホスピタリティを向上させる必要性が生じたことが，寝台車両の導入へとつながったと考えられる。山陽鉄道は前年の1899（明治32）年に食堂車を導入し，1903（明治36）年には二等寝台車を導入するなど，当時としては極めて先進的な取り組みを行っていた。

　他方，日本鉄道（現在の東北本線）でも1903（明治36）年に開放型の寝台車両を導入し，同年には官設鉄道（現在の東海道本線）でも英国からの直輸入による全区分室（複数人数による個室型）の寝台車両を導入した。また，1908（明治41）年には標準軌であった南満州鉄道では，プルマン社からの直輸入である開放型の1等寝台車「イネ1」を導入した。

　日露戦争を契機に1907（明治40）年に鉄道各線を国有化させた日本では，1

等と 2 等の寝台車両区分が導入されていた。その後, 1931 (昭和 6) 年頃に 3 等寝台車が導入された。3 等寝台車は日中戦争激化により 10 年ほどで無くなったが, 戦後の 1956 (昭和 31) 年に復活した。

　なお, 寝台車両の導入は座席専用車両との併用型式であり, ほぼ全車両が寝台車両となるのは 1957 (昭和 32) 年の東京—大阪間の夜行「彗星」がはじまりといわれている。全 14 両編成中 2 等寝台車 6 両, 3 等寝台車 6 両, 3 等座席車と荷物車が 1 両ずつという内容であり, 翌 1958 (昭和 33) 年のブルートレインの嚆矢となる 20 系車両による東京—博多間の「あさかぜ」登場のきっかけとなった。

（6）日本における国策としての宿泊事業と鉄道との関連

　日本の鉄道各社による宿泊施設運営についての詳細は第 10 章と第 11 章の通りであるが, ここでは国鉄の前身である鉄道院や南満州鉄道による, 国策として展開された宿泊事業について簡潔に触れる。

　日露戦争が終結した 1905 (明治 38) 年頃から外国人観光客の来訪が増加したことにより, 当時の日本政府が外国人観光客を対象とした宿泊施設整備を支援する政策を展開した。その一環として, 鉄道院主導により 1909 (明治 42) 年に「奈良ホテル」が, 南満州鉄道の主導により 1914 (大正 3) 年に「ヤマトホテル」が中国の大連に, それぞれ開設された。

　これらのホテルは国策としての側面もあり採算性は度外視されていたに等しく, 特に「奈良ホテル」については運営していた大日本ホテル株式会社が経営難に陥り, 鉄道省 (運輸通信省 → 運輸省を経て現在の国土交通省) が管理し, 「西の迎賓館」としての格式を保っていた。戦後は一時的に日本交通公社 (現在の JTB) に貸し付けられた後に, 1956 (昭和 31) 年より都ホテル (現在の都ホテル＆リゾーツ) の傘下となった。

　鉄道と宿泊施設との関連要素としては他にも, 各地の鉄道で導入されていた食堂車事業を宿泊業者が請け負っていたことが挙げられる。戦後に食堂車が復活した際に日本食堂 (現在の JR 東日本フーズ) が担当していたが, 一社独占が問題視されたことにより帝国ホテルや都ホテル, 新大阪ホテル (現在のリーガロイヤルホテル) が参画し, 後に新幹線に導入された食堂車にも日本食堂とともに参画していた。

　こうした点に鑑みると，日本の鉄道事業と宿泊事業が意外な局面で密接に関連していたことが窺える。

2．寝台列車の種類と構造

　日本の寝台車両は1900（明治33）年に登場して以来100年以上にわたりイノベーションを繰り返し，テクノロジーの発展を継続してきた。欧米のテクノロジーも積極的に導入したが，欧米には無い日本の鉄道の特色や難点があり，イノベーションの進展は容易ではなかった。

　本項では，これらを乗り越え，どのようにして日本独自の寝台車が発展を遂げていったのかについて取り扱う。

（1）戦前の寝台車および寝台車の形態

　日本の寝台車両は，戦前よりプルマン式と呼ばれる開放型寝台が採用された。一般の座席車と同様に中央の通路を挟んで昼間は向かい合った座席（クロスシート）で使用し，夜間は寝台をレールと平行に配置する。背ずりを引き下げて腰掛部分を前に引き，向かい合わせの座席を接着させる形で下段寝台をセットし，上部にキャビネ状に格納していたベッド台を降ろし上段寝台とした，上下二段式の寝台である。中段を設けた上中下の三段式もあった。上下二段式の開放型寝台は戦後にもA寝台として活用されたほか，戦後登場した581系・583系寝台電車の三段式B寝台にも採用された。これに対し片側通路式の三段式寝台は，座席の上に格納された上段・中段のベッドを降ろし，下段は座席にそのまま横になるタイプで，レールと垂直に就寝する形式であった。ベッド幅が狭く，寝返りを打つことが困難であった。このタイプは戦後，開放型の客車B寝台にも継続された。

　なお，1等〜3等の等級からA寝台・B寝台というカテゴリーとなったのは1969（昭和44）年のことであり，このときに昼間の特急・急行列車でもグリーン車・普通車が登場した。

（2）戦後の発展とブルートレイン

　日中戦争から第二次世界大戦にかけては軍用車両が増加したこともあり，寝

台車は限定的な運用にとどまった。戦後，寝台列車が復活する際にスイスの車両に範を求めた軽量客車が開発され，1955（昭和30）年から寝台急行列車を中心に導入された。

　その後，1958（昭和33）年に東京―博多間の特急「あさかぜ」用に20系客車が新造され，「走るホテル」として一躍人気を博し，その後，全国の寝台専用特急に導入された。その車両が青地に白帯の色であったことから，列車愛称とは異なる形で「ブルートレイン」と呼ばれるようになった。続いて新造された寝台特急・急行用の客車車両もこれに倣って青地に白または銀色の帯という色彩となっていた。JRになってからは青地ではなくなり，1989（平成元）年に登場した大阪−札幌間の「トワイライトエクスプレス」が日本海の深緑とトワイライト（薄明）の金帯の色彩としており，1999（平成11）年に登場した「カシオペア」は銀地に青・紫・赤・橙・黄の五色の帯となっている。

　戦後昭和期の寝台列車において，大きな動きが2点あった。1つは寝台電車の登場，もう1つは個室寝台車の登場である。

　客車車両から電車や気動車のように動力を分散させる方式に転換を図ることを目的として，1967（昭和42）年に事実上，世界初となる寝台電車が登場した。山陽・九州方面に導入された581系と，ほぼ同系で東北・北陸方面に導入された583系が，昼は座席式特急，夜は寝台特急として，2017（平成29）年に引退するまで約50年間活躍した。寝台電車は1998（平成10）年に登場した「サンライズ出雲・瀬戸」の使用車両である285系に引き継がれ，こちらは2020年現在でも活躍している。

　個室寝台は「あさかぜ」の20系で初登場した。その後に登場した寝台客車車両の24系25形でも個室寝台車両が導入されたが，当初は一人用の個室であった。それが1987（昭和62）年の国鉄民営化によるJR発足と，翌1988（昭和63）年にオリエント急行の日本走行が契機となって，日本でも豪華さをともなった個室寝台への要望が高まり，「トワイライトエクスプレス」や「北斗星」では従来の寝台客車が個室寝台に改造されグレードアップを図った。この流れはその他の寝台列車にも広がり，日本の寝台列車は開放型寝台から個室寝台へと変換された。

（3）寝台列車の衰退と現状

1980（昭和55）年頃を境に，寝台列車は次第に勢いを失っていった。その原因は新幹線網の確立と，国内航空路線の発達である。

特に航空路線が整備され便数が増えたことにより，スピード面で劣る寝台列車は都市間移動手段としての役割を失った。競争力の目安として用いられた「航空機の最終便よりも遅く出発，始発便よりも早く到着」という到達目標の達成も不可能となっていた。そのため，JR・平成時代以降の寝台列車は，大阪―札幌間の「トワイライトエクスプレス」と上野－札幌間の「北斗星」を中心として，速達目的ではなく「豪華列車での移動を楽しむ」といったスタイルに変容していった。

さらに，平成に入って新造された寝台客車は「カシオペア」のみであり，寝台客車の老朽化が顕著となり，多くが耐用年数を上回った。そのため，九州方面の寝台列車は2009（平成21）年に，「トワイライトエクスプレス」，「北斗星」は2015（平成27）年に，それぞれ廃止された。これにより，60年にわたり栄光を極めた「ブルートレイン」の歴史に，ついに終止符が打たれた。

2020（令和2）年現在，残っている定期運行の寝台列車は，東京から出雲市・高松を結ぶ寝台特急電車「サンライズ出雲・瀬戸」ただ1つである。「カシオペア」は耐用年数には満たないものの青函トンネルの新幹線使用で北海道への運行が不可能となったため，2015（平成27）年に本州限定のクルーズトレインとして再出発した。

3．クルーズトレイン

100年もの歴史と栄華を誇ったオリエント急行が1977年に廃止された後，1982年に観光目的とした形で復活を遂げた。これを契機にバンコク－シンガポール間に「イースタン＆オリエンタルエクスプレス」が1993年に開通するなど，クルーズトレインが世界各地に波及している。

前項で述べた通り，都市間輸送としての日本の寝台列車は終焉を迎えた。しかし，JR・平成以降は観光に特化し「豪華列車での移動を楽しむ」ことを目的として再出発を図っている。

「クルーズトレイン」という語が登場したのは，JR九州が「ななつ星in九

州」命名前の仮称として発表したのが最初である。その後，観光に特化し豪華さを備えた周遊型寝台列車の総称として，この語が使用されるようになった。クルーズトレインの登場により，寝台列車の枠組みを超えた新たな分野を確立したといえるだろう。

（1）日本におけるクルーズトレイン

　2013（平成25）年に，JR九州発足とともにデザイン顧問に就任した水戸岡鋭治によって設計・製作された「ななつ星in九州」が登場した。寝台車両はすべてスイートおよびデラックススイートであり，ダイニングカーとラウンジカーも兼ね備えた全7両の仕様となっている。続いて2017（平成29）年にはJR東日本の「TRAIN SUITE 四季島」とJR西日本の「TWILIGHT EXPRESS 瑞風」が相次いで登場した。

　これらの登場以前にも，日本には鉄道を利用した団体旅行の勃興があり，お座敷列車が登場していた。団体用お座敷列車は，国鉄時代の1960（昭和35）年に盛岡鉄道管理局で運行されたのが最初であるが，1980（昭和55）年頃から国鉄の赤字解消策の一環として客車を改装したお座敷列車が各地に登場し，のちに特急電車を改装したお座敷列車も現れた。同時期に洋風の観光用途の団体専用車両も登場しており，お座敷列車とともに「ジョイフルトレイン」と総称した。これらのジョイフルトレインを基盤として，衰退した寝台列車を観光利用に特化させたものが，日本における観光目的の豪華列車であるクルーズトレインの大きな特徴である。

　ジョイフルトレインは昼間利用列車にも波及しており，現在は日本各地で観光列車と称された多種多様な列車が登場している。

（2）クルーズトレインと宿泊施設

　ジョイフルトレインの登場から，鉄道乗車を観光目的として利用したパッケージツアーの企画・販売が旅行業者によって活発に行われた。JRが発足してからは直接，旅行業者を持つようになり，これらの販売に拍車がかかった。このことから，鉄道と宿泊施設とがパッケージとなったツアーが定着し，旅行業者を媒介として鉄道と宿泊施設との融合が新たな展開を迎えることとなった。

　この流れは「ななつ星in九州」をはじめとするクルーズトレインの運用形

態にも受け継がれ，クルーズトレインと宿泊施設とが融合し，包括した旅行商品として販売される体制が確立した。そのため，クルーズトレインのみの利用は基本的に不可能であり，利用を希望する場合は旅行商品の申込みを行う必要がある。このことにより本来の運賃・料金体系とはかけ離れた高額な価格が設定され，収益性を確保するとともにプレミアム感を創出している。このビジネスモデルは鉄道事業単体での実現は不可能であり，宿泊事業との綿密な連携と旅行商品を企画・創造する旅行業者との三位一体となった，鉄道を利用した観光および旅行商品の新たなイノベーションであるといえるだろう。

（3）小　括

　鉄道事業における宿泊は，移動時の寝台利用が主たるものであった。しかし，移動手段としての寝台列車は航空機や高速鉄道，安価な夜行バスやLCCに取って替わられた。それでも，日本人に深く宿る鉄道への愛着と鉄道事業者や関係者の不断の努力によって，これらに裏打ちされたクルーズトレインの実現と，宿泊業界との連携を創造しツアー販売へと昇華させたことは称賛に値する。

　こうした動きは，船舶業界における旅客部門がクルーズ船舶を発展させた動きと同様に，鉄道事業も宿泊事業と連動し，運輸産業から観光をベースとしたホスピタリティ産業への転換期を迎えたことを示していると考えられる。

　クルーズトレインによる観光形態は世界の潮流でもあり，日本の観光において主軸となる可能性を秘めている。今後も鉄道業界と宿泊業界とがさらなる連携を図り，日本が誇る鉄道技術と宿泊のホスピタリティとが融合した日本独自のクルーズトレインによる観光が，世界中から称賛されることを願ってやまない。

主要参考文献

原田勝正・青木栄一（1973）『日本の鉄道　百年の歩みから』三省堂。
原田勝正（1984）『日本の国鉄』岩波新書。
小池滋（2006）『英国鉄道物語』晶文社。
ジャン・デ・カール著，玉村豊男訳（1984）『オリエント・エクスプレス物語―大陸横断鉄道』中央公論新社。

（崎本　武志）

第13章 動くリゾートホテル： クルーズにおける宿泊

1．クルーズの概要

　クルーズは，船舶を利用した観光旅行である。クルーズ船に乗って観光地に向かうものであり，船上での宿泊がともなう。乗船期間は，短いものは1泊2日，長いものは数ヶ月に及ぶ。

　クルーズの料金は，利用する船室の広さや窓の有無などにより異なる。また，クルーズ船ごとに船上で提供されるサービスのグレードが異なり，そのサービスグレードにより料金も異なっている。クルーズ料金が高額なクルーズ船では，最高級のサービスが提供される。一方，クルーズ料金が安価なものは，料金に見合ったサービスが提供される。

　しかし，どのクルーズ船も，部屋を担当するスタッフが毎日清掃し，常に清潔な状態が保たれ，タオルの交換も毎日行われている。その点からすれば，まさに「動くリゾートホテル」であるといえる。本章では，宿泊という観点から，このクルーズについて論じる。

　なお，クルーズという言葉は，マスコミ等で乱用されているが，本論ではクルーズ船で宿泊し，寄港地を巡って観光し，同時に船上での生活を楽しむものと定義する。

2．クルーズの船室

　船室には，窓のない内側船室，窓のある海側船室，バルコニー（またはベランダ：以下同様）付き船室，スイート船室，ファミリー用船室，車いす対応船室などがある。さらに，クルーズ船によっては，1人で旅行する人のためのシングルルームが設定されているものもある。

（1）内側船室

　窓がなく，面積は当該船の船室で最も小さい。部屋の面積は，クルーズ船により異なるが，12m² から 16m² 位である。料金は，当該船の船室のうち，最安値に設定されている。この船室を利用する人は，終日室外の設備（例えばカジノ）を利用するので，船室は寝るだけのものと割り切っている。

　船室には，ベッド（ツインまたはダブルに変更可能)，トイレ，シャワー，洗面台，クローゼット，テレビ，デスク，椅子，金庫，電話，ヘアドライヤー，石鹸，シャンプーなどが備わっているが，寝間着，歯ブラシ・歯磨き粉，カミソリ，櫛はない。

　最近の新造船には，船室の壁面に船外の景色をリアルタイムで投影するものもできており，窓がないという圧迫感が軽減されている。

　なお，日本のクルーズ船会社が運航しているクルーズ船には，内側船室は設置されていない。

図表 13 － 1　内側船室

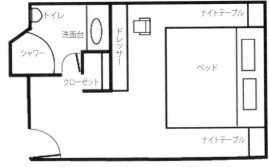

出典：以下，特記以外プリンセス・クルーズ社ウェブサイトを参考に著者作成。

（2）海側船室

　窓があり，面積も内側船室より若干広くなっている。例えば，ダイヤモンド・プリンセスの場合，内側船室が 16m² に対して，海側船室は 17m² となっている。面積は概ね 16m² から 17m² 程度となっている。

　室内の設備と備品は内側船室と同等であり，寝間着などが無いのも同様である。なお，日本のクルーズ船も寝間着はないが，歯ブラシ・歯磨き粉は備わっている。

図表13−2　海側船室

（3）バルコニー付き船室

クルーズ船によっては，ベランダ（屋根あり）の付いたものもある。室内は海側船室と同程度の面積があり，バルコニーが附属している分，面積が広く，バルコニーを含め $22m^2$ 程度のクルーズ船が多い。

バルコニーが附属するか，ベランダかは，クルーズ船の構造や部屋の位置による。また，室内の設備や備品は，海側船室と同等である。

また，クルーズ船によってはシャワーの代わりに浴槽を備えているものもある。ここで参考にした米国プリンセス・クルーズ社のクルーズ船は，バルコニー付き船室に浴槽はない。同社の場合，浴槽を備えたバルコニー付き船室をワンランク上の船室として，料金をバルコニー付き船室より少し高く設定している。

図表13−3　バルコニー付き船室

（4）スイートルーム

　文字通り，2部屋以上備わった船室であり，一般にはベッドルームとリビングルームによる構成になっている。面積は，50m^{2}以上のものが多い。大型船では，2階に部屋のある，いわゆるロフトタイプの船室も出現している。バルコニー付き船室のものより広いバルコニーが附属している。室内の設備は，浴槽が設置されていること以外はバルコニー付き船室とほぼ同様である。備品についても，バルコニー付き船室とほぼ同等である。

図表13－4　スイートルーム

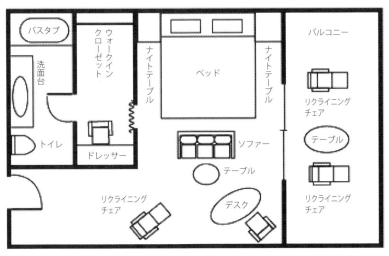

出典：キュナード・ライン社ウェブサイトを参考に筆者作成。

（5）ファミリー用船室

　クルーズ船の船室は，基本的には，1室にベッドが2台設置されている。すなわち，1室を2名で利用することになっており，料金も1室を2名で利用する際の1人当たりの料金が提示されている。

　しかし，クルーズ船，特にカジュアル・クラス（詳しくは後述）のクルーズ船にはファミリー層を主たるターゲットとしているものがある。それらのクルーズ船は，子供を連れた乗客が乗船するので，彼らのためにファミリー用船室が設定されている。

　この船室は，普通のベッド2台に加え，ソファーベッドやプルマンベッドが

備わっており，1室3～4名が利用可能となっている。なお，プルマンベッドとは，使用しない時には壁に収納できるベッドのことであり，2段式になっていることもある。

　この船室は，内側船室での設定が多いが，クルーズ船によっては，バルコニー付き船室や海側船室の隣り合った2室のドアを開錠し，2室接続使用を可能として，ファミリー用にするものもある。

図表13-5　ファミリー用船室

（6）車いす対応船室

　クルーズ船は，船内のバリアフリーが行き届いており，車いす対応船室が用意されている。

　船室の面積は，クルーズ船会社やクルーズ船により異なるが，一例を挙げると，$15m^2$から$28m^2$まであり，船室のタイプも内側船室と海側船室がある（米国のクルーズ船会社ロイヤルカリビアン・インターナショナル社が公開している情報に基づく）。

　船室のレイアウトは他の部屋と同じであるが，入り口や浴室のドアを広めにする，入り口の敷居を無くす，洗面台を低くする，など車いす利用者への各種配慮がなされている。

（7）シングルルーム（別名：ステューディオ・ルーム）

　上述の通り，クルーズ船の船室は1室を2名で利用することが原則であり，1室を1人で使用する場合は，追加分としてクルーズ料金（1人分料金）の8割から2倍を支払う必要がある。ただし，日本のクルーズ船会社は，追加料金を当該船室の1人分料金の3割としている。

　海外では，2010年頃より追加料金が不要なシングルルームを設置する新造船が増加した。とはいえ，このタイプの船室が設定されているクルーズ船は，まだごく少数である。日本船は1隻，外国船でも2019年時点で22隻に過ぎない。

　部屋の面積は，概ね9〜10m^{2}と内側船室より狭い。設備は，内側船室と同じであるが，備品は1人分のみがセットされている。

　しかし，世界の主要クルーズ船会社が加盟する業界団体CLIA（Cruise Line International Associations）の最新の報告によると，クルーズ船会社は，シングルルームを増設することで，1人でクルーズ船を利用する人の増加に対応しており，今後シングル利用による追加料金を徴収しなくなるであろう，とのことである（CLIA State of the Cruise Industry 2020, p.10.）。

3．クルーズ船の分類

　冒頭で述べた通り，クルーズ船は船上で提供されるサービスのグレードが船によって異なるため，大きく3つのグループに分類されている。

　最高級のサービスを提供し，料金もそれに応じて高額なクルーズ船は，ラグジュアリー・クラスと呼ばれている。

　サービスはそれなりだが，料金が安く，ファミリー層でも気軽に利用できるものは，カジュアル・クラスと名付けられている。

　そしてサービスも料金もラグジュアリー・クラスとカジュアル・クラスの中間となるものは，プレミアム・クラスと称されている。

（1）ラグジュアリー・クラス

　最高のサービスを提供するクルーズ船であり，料金はこの3種類の中でもっとも高く，2019年現在，平均すると1人1泊当たり約1,200米ドル（ただし，2

人で 1 室利用時の料金）となっている。なお，本項の料金とクルーズ期間は，キ
ュナード，シーボーン，シルバーシーおよびリージェントセブンシーズクルー
ズの各社ウェブサイトで，2020 年 12 月出発のクルーズを調査したものである。
調査そのものは，2019 年 12 月に実施した。

　また，このクラスはクルーズ期間が長いものが多く，2019 年のクルーズ期
間を平均すると 12 日間となっている。

　このクラスのクルーズ船は，船室のほとんどがスイートルームとなってい
る。カジュアル・クラスとプレミアム・クラスに設定されている窓のない内側
船室は，このクラスのクルーズ船には存在しない。

　また，窓だけの海側船室は存在するものの，船室数は少ない。このクラスの
新造船には，船室はスイートルームのみ，というものも現れている。

　そして，乗客定員 600 人以下の小型船が多く，接客担当スタッフも多数乗船
させ，きめ細かいサービスを提供する体制を取っている。

（2）カジュアル・クラス

　このクラスのクルーズ船は，料金がこの 3 種類のうちでもっとも安いものと
なっている。料金を低く抑えるためには，乗客 1 人当たりのコスト負担額を小
さくする必要がある。そのため，乗客定員 4,000 人以上の大型船を使用してい
る。クルーズ船は，乗客定員が 2 倍になっても，すなわち収入が 2 倍になって
も運航コストは 2 倍にはならず，低料金の提示が可能となる。

　この背景としては，以下のような事情がある。クルーズ船の運航は，クルー
ズ船を運航する運航スタッフと接客サービスを行う接客スタッフを必要とす
る。運航スタッフは，クルーズ船が大型化しても人数に変化はない。接客スタ
ッフは，乗客定員の増加にともない増員する必要があるが，同スタッフの給与
は主として乗客からのチップに依存しているため，クルーズ船会社としての負
担は少ない。そのため，大型化することによりコスト削減が可能となる。

　そして，多数の乗客を集めるため，船内の広いスペースを利用してエンター
テインメントの充実を図っている。船内のシアターではブロードウェーのミ
ュージカルが上演され，バーやラウンジではジャズやクラシックのライブ演奏
が行われる。ウォータースライダーの付いたプール，アイススケートリンク，
ロッククライミングウォール，ボーリングレーンなど各種エンターテインメン

トが用意されている。

　船室は，内側船室，海側船室，バルコニー付き船室，スイートルーム，そしてファミリー用船室がある。

　このクラスのクルーズ船のスイートルームは，面積が広いため，当該船の他の船室よりクルーズ料金は高めの設定となっている。この部屋では，室内のアメニティなどは若干良いものの，受けるサービスは，基本的には当該船の他の船室と同等である。

　乗客は多いが，接客スタッフの数はコスト面から絞らざるをえず，船内のサービスはクルーズ価格相応のものとなる。とは言っても，船室内の清掃などは毎日行われ，清潔に保たれている。

（3）プレミアム・クラス

　プレミアム・クラスのクルーズ船は，料金もサービスも，ラグジュアリー・クラスとカジュアル・クラスのクルーズ船の中間に位置するものである。

　船室は，内側船室，海側船室，バルコニー船室，スイートルーム，さらにカジュアル・クラスほど多くはないものの，ファミリー用船室も設定されている。

4．クルーズ市場との関係

　以上述べてきたように，クルーズには，船室に加え，クルーズ船のグレードがあり，予算に応じて，選択肢が多数ある。

　時間と予算が潤沢にある人は，ラグジュアリー・クラスのスイートルームを選び，時間も予算も限りがある人は，カジュアル・クラスの内側船室を選択する。

　ラグジュアリー・クラスを選ぶほど時間も予算もないが，かといって，カジュアル・クラスは騒々しいという人には，プレミアム・クラスがふさわしい。

　子供連れの人は，カジュアル・クラスのファミリー用船室にすれば，安価な料金を享受でき，スタッフも対応に手慣れている。

　船上の娯楽施設を楽しんだり，ブロードウェースタイルのショーを楽しんだりしたい場合は，施設が充実したカジュアル・クラスのクルーズ船を選ぶべき

である。

　このように，各人の事情に応じて，選択の幅は広がっており，どのクルーズ
船を選ぶか，という点も楽しみの 1 つとなっている。

〔主要参考文献〕

Cruise Lines International Association, *2020 State of the Cruise Industry Outlook*,
　（https://cruising.org/news-and-research/research/2019/december/state-of-the-cruise-
　industry-outlook-2020　p.10，2020 年 2 月 3 日閲覧）
ロイヤルカリビアン・インターナショナル　ウェブサイト
　（https://www.royalcaribbean.com/experience/accessible-cruising/accessible-staterooms
　2020 年 1 月 17 日閲覧）
プリンセス・クルーズ　ウェブサイト
　（https://www.princesscruises.jp/ships/diamond-princess/staterooms/　2019 年 12 月
　25 日閲覧）
キュナード・ライン　ウェブサイト
　（https://www.cunard.jp/queen-mary-2/　2019 年 10 月 7 日閲覧）

（成実 信吾）

第14章　民泊の出現

1．日本の民泊

（1）民泊の出現

　昨今のインバウンド増加や2020年に予定されていた東京オリンピック・パラリンピックのホテル不足・客室不足を解消する手段としても，民泊というスタイルが出現し注目を集めている。

　しかし，ホテル・旅館を中心とする宿泊事業者からすると，民泊は競争環境において，マイケル・ポーターのいう「代替財」に近いものであり，ビジネスを圧迫するのではないか，あるいは，民泊がテロリストなどの潜伏地として犯罪等に利用されかねないのではないかとも危惧されている。

　「民泊」について法令上の明確な定義はない。住宅（戸建住宅やマンションなどの共同住宅等）の全部または一部を活用して，旅行者等に宿泊サービスを提供することを指して，「民泊」ということが一般的な見解である。民泊が注目されるようになったのは，IT環境の急速な進歩により，ここ数年，インターネットを通じて空き室を短期で貸したい人と宿泊を希望する旅行者とをマッチングするビジネスが，世界各国で急速に増加したことがきっかけとなっている。

（2）日本における民泊の歴史

　民泊サイト最大の運営会社であるエアービーアンドビー（Airbnb）が，2008年に米国のサンフランシスコで設立されている。日本法人は2014（平成26）年5月に東京で設立され，日本でも急速に民泊が普及しはじめた。

　この会社は自らが宿泊施設を建設・所有せずに，各国の民間人の住宅を宿泊施設として契約して，インターネットやスマートフォンなどでお客様に宿泊の仲介をするシステムである。2019（令和元）年11月時点で，世界10万の都市に700万以上，日本国内では約9万の民泊施設がWEBに掲載されている。また，同社が提供する「体験」サービスも，世界1,000以上の都市で40,000以上，

日本国内では約 2,000 のアクティビティが提供されている。

　わが国でも，急増する訪日外国人観光客への対応といった需要面からの要請や，少子高齢化社会を背景に，増加している空き家の有効活用といった供給側における地域活性化の観点から，いわゆる「民泊」に対する期待が高まっている。

　一方で，民泊については，感染症まん延防止などの公衆衛生の確保や，騒音やゴミ出しなどによる地域住民等とのトラブル防止に留意したルールづくりが遅れたり，旅館業法の許可が必要な旅館業に事実上該当するにもかかわらず，無許可で営業している施設が存在することなどの課題が生じている。

　これらの課題を踏まえ，一定のルールの下，健全な民泊サービスの普及を図るため，2017（平成 29）年 6 月に，いわゆる「民泊新法」ともいわれる「住宅宿泊事業法（平成 29 年法律第 65 号）」が成立した（施行は翌 2018（平成 30）年 6 月15 日）。

（3）民泊新法（住宅宿泊事業法）について

　この法律により，住宅宿泊事業を行うためには，都道府県知事への届出が必要となった。ただし，保健所設置市（政令市，中核市等），特別区（東京 23 区）については，都道府県知事に代わり，届出の受理・監督・条例制定事務を処理できることになっている。また，年間提供日数の上限は 180 日（泊）とし，条例による住宅宿泊事業の実施を制限できるなど，地域の実情を反映する仕組みが創設された。

　これまで，宿泊営業を実施する場合は，原則として，必ず旅館業法に基づく営業許可が必要であったが，住宅宿泊事業法第 3 条第 1 項の届出をした者は，旅館業法第 3 条第 1 項の規定にかかわらず，宿泊事業（住宅宿泊事業）の営業をすることができるようになった。なお，ここでの「住宅宿泊事業」とは，旅館業法第 3 条の 2 第 1 項に規定する営業者以外の者が宿泊料を受けて届出住宅に人を宿泊させる事業であって，人を宿泊させる日数が 180 日（泊）を超えないものと規定されている。

（4）民泊の対象となる住宅について

　民泊（住宅宿泊事業）を実施することができる住宅は，下記①「設備要件」

と②「居住要件」を満たしていることが必要である。

① 民泊の設備要件

　届け出を行う住宅には，「台所」，「浴室」，「便所」，「洗面設備」の4つの設備が必要であると規定されている。

　ただし，必ずしも1棟の建物内にその4つの設備がすべて設けられている必要はない。例えば，アパートなどの集合住宅内における共同トイレのように，同一の敷地内の建物について一体的に使用する制限があり，各建物に設けられた設備がそれぞれ使用可能な状態であれば，これら複数棟の建物を1つの住宅として届け出ることが可能である。

　他方，これらの設備は届出住宅に備え付けられている必要があるということから，例えば届出対象に含めていない近隣の銭湯などの公衆浴場を浴室として代替することはできない。

　また，これらの設備は必ずしも独立したものである必要はなく，1つの設備に複数の機能があるユニットバスなども認められている。また，浴室内には浴槽がなくてもシャワーがあれば良く，トイレは和式・洋式を問わないなど，一般的に施設として求められている機能を有していれば足りるとされている。

② 民泊の居住要件

　届出を行う民泊用の住宅は，

●現に人の生活の本拠として使用されている家屋
●入居者の募集が行われている家屋
●随時その所有者，賃借人または転借人の居住の用に供されている家屋

のいずれかに該当する家屋でなければならないと規定されている。

　まず，「現に人の生活の本拠として使用されている家屋」とは，実際に特定の方の生活が継続して営まれている家屋であり，短期的にその家屋を使用する場合は該当しない。

　次に，「入居者の募集が行われている家屋」とは，住宅宿泊事業（民泊）を行っている間，分譲（売却）または賃貸の形態で居住用住宅として入居者の募集が行われている家屋のことである。

　そして，「随時その所有者，賃借人または転借人の居住の用に供されている家屋」とは，生活の本拠として使用されていないものの，その所有者などによ

り「随時住居利用されている家屋」のことで，具体例は以下の通りである（民泊ポータルサイトより引用）。

・別荘など，季節に応じて年数回程度利用している家屋
・休日のみ生活しているセカンドハウス
・転勤により一時的に生活の本拠を移しているものの，将来的に再度居住するために所有している空き家
・相続により所有しているが，現在は常時居住しておらず，将来的に居住することを予定している空き家
・生活の本拠ではないが，別宅として使用している古民家

（5）民泊届出件数の推移

　民泊新法の施行日（2018（平成 30）年 6 月 15 日）以降，民泊届出件数は着実に増加の一途をたどり，図表 14 − 1 の通り，2022（令和 4）年 6 月 14 日現在で，住宅宿泊事業の届出件数は 31,003 件で，法施行日の約 14 倍となっている。

　一方で事業廃止件数は 12,947 件にのぼり，約 3 軒に 1 軒以上（41％）が届出はしたものの事業廃止となっている実態も浮き彫りとなっている。

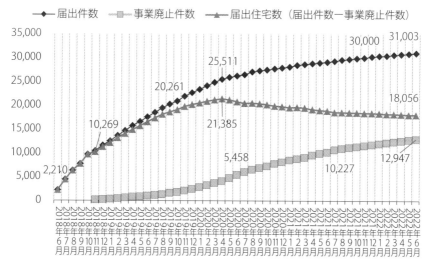

図表 14 − 1　住宅宿泊事業届出件数の推移

出典：民泊ポータルサイトデータを元に著者作成。

　特に新型コロナウィルスの感染拡大による影響等により，2020（令和2）年以降，届出件数よりも事業廃止件数の方が増加傾向にあり，実質の届出住宅数は，2020年4月の21,385軒をピークに減少傾向となっている。

（6）住宅宿泊事業の宿泊実績

　各事業者は，住宅宿泊事業法第14条に基づき，届出住宅の宿泊日数などを2ヶ月ごとに都道府県知事に報告することが義務づけられており，観光庁で集計・取りまとめがなされ公表されている。ここで一例として，コロナ前の2019（令和元）年10月〜11月の2ヶ月間と現在の2022（令和4）年の2月〜3月の2ヶ月間宿泊実績をみてみたい。

①　2019年10〜11月の実績（コロナ前）

　都道府県別にみると，東京都が131,730日でもっとも多く，次いで大阪府（35,148日），北海道（31,189日）となっていた。また，届出住宅あたりの宿泊日数を都道府県別にみると，京都府が26.9日でもっとも多く，次いで東京都（21.4日），愛知県（20.3日）の順である。宿泊者の構成は，日本国内に住所を有する者が98,861人（31.4%），海外からの宿泊者が215,856人（68.6%）である。

　海外からの宿泊者数を国籍別でみると，第1位が中国，第2位がアメリカ，第3位が台湾，第4位が香港，第5位がタイである。上位5ヶ国・地域で外国人宿泊者数の53.7%と半数以上を占める。また，地域別では東アジアがもっとも多く，全体の40.8%を占めている。次いで，東南アジアが21.1%，北米が14.0%の順である。

②　2022年2〜3月の実績（直近）

　総数は減っているものの東京都が34,981日でもっとも多く，次いで北海道（10,296日），大阪府（5,346日）となっていた。2018年度（法施行後6月15日〜3月31日まで）も第1位は東京都，第2位が北海道で第3位は大阪府と，上位3位までは，大阪府と北海道で入れ替わりはあってもこの3都道府県が占めている。

　また，届出住宅あたりの宿泊日数を都道府県別にみると，新潟県が13.4日で最も多く，次いで兵庫県（11.7日）の順であり，コロナ前とは変化をしている。

図表 14 − 2　日本人と外国人の民泊利用者数（コロナショック前後）

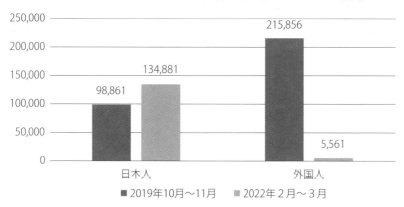

出典：民泊ポータルサイトデータを元に著者作成。

　宿泊者の構成は，日本国内に住所を有する者が 134,881 人（96.0％），海外からの宿泊者がわずか 5,561 人（4.0％）とコロナの感染拡大によるインバウンドの入国制限の影響を大きく受けた結果となっている。

　海外からの宿泊者数を国籍別でみると，第 1 位がアメリカ，第 2 位が中国，第 3 位が韓国，第 4 位がフランス，第 5 位がイギリスである。上位 5 ヶ国・地域で外国人宿泊者数の 69.1％と半数以上を占め，地域別では東アジアが全体の 35.3％を占めている点については変化がないが，コロナ前と比較してアメリカからの宿泊者の割合が 32.6％と増えている。

（7）住宅宿泊事業の問題点

　民泊新法（住宅宿泊事業法）施行後の問題点として，以下のような指摘がなされている。

・既存旅館業法との不整合

　継続して宿泊事業を行う場合には，旅館・ホテル営業，簡易宿所営業などの旅館業法に基づく許可を取る必要がある。しかし，それぞれに必要とされる要件が必ずしも段階的でないため，民泊登録よりも簡易宿所許可の方が取得しやすいケースや，本来例外的であるはずのイベント民泊（詳しくは次項）や特区民泊の開業の方が困難なケースが生じている。

・地域による不整合

　住宅宿泊事業法を受けて各自治体で定められた条例の差が大きく，地域により営業不可地域が異なっていたり，遵守事項が異なっていたりする。このため，自治体により届出件数に大きな差が生じている。これは住宅宿泊事業法が厚生労働省と国土交通省にまたがって運用されていることから，各自治体における担当部署が民泊に抑圧的な生活衛生に関する部署であったか，民泊に好意的な観光産業に関する部署であったかに大別されたことにも影響されている。

・営業状況の把握の難しさ

　当初から指摘されていたことではあったが，年間 180 泊以内であることを行政が検証することはほぼ不可能である。なぜなら海外の民泊予約サイト経由の宿泊者を把握することはできないし，リピーターは予約サイトを介さず民泊オーナーと直接やりとりを行うことが可能となっているからである。同様の理由で無届出の民泊を調べることも困難をきわめているが，担当者を置き摘発を行う「民泊 G メン」を導入している自治体もある。

・非常時対応の難しさ

　管理者が非常時に駆け付けることを義務づけている自治体もあるが，例えばマンションで地震による倒壊が起こった場合，マンション内に逃げ遅れた民泊利用者がいるかどうか，外出中であったかどうかまでは管理者であっても確認することはできない。火災時や水害時も同様である。ましてや管理者と連絡が取れない状況であればなおさらである。

　また，犯罪者や不法滞在者が潜伏先として民泊を利用したと思われる事例は数多く見られるが，そのシステム上，抜本的な対策は不可能である。

（8）「イベント民泊」とは

　イベント民泊とは，多くの人が集まるイベントの開催時に，自治体の要請により自宅を提供するなどの一定の要件を満たす場合に，旅館業法に基づく営業許可がなくても，宿泊サービスを提供することを可能とするものである。東京オリンピック・パラリンピック競技大会などのイベントの機会に，ホームステイを通した住民と旅行者との交流を促進するため，2019（令和元）年に開催されたラグビーワールドカップでの実績を踏まえ，「イベント民泊ガイドライン（イベントホームステイガイドライン）」が改訂されている（最終改訂は 2019（令和元）

年 12 月 25 日)。

　前回の東京オリンピックが開かれた 1964 年にも民泊は導入された歴史がある。ホストである地域住民と選手や観客の外国人との交流が生まれた実績もあり，このホームステイ（イベント民泊）を積極的に活用することで，大きなイベントの際，開催地の住民に「一緒にイベントを成功させた」という体験がレガシーとして残ることが期待されている。

2.　農　泊

（1）農泊とは

　「民泊」と似たような言葉で「農泊」という宿泊スタイルも，農山漁村地域を中心に出現してきており，この節ではそれぞれの定義や沿革などを紹介する。

　農山漁村地域の所得向上，地方創生を実現するための重要な政策の 1 つとして「農泊」は位置づけられており，インバウンドを含む観光客を農山漁村に呼び込み，旅行消費額の拡大や地域を活性化するための取組が進められている。農林水産省（以下，「農水省」という）では，全国で 500 の「農泊」地域を作ることを目標に掲げ，さまざまな成功モデルが生まれてきている。

（2）農泊の定義

　「農泊」とは，農水省では「農山漁村地域ならではの伝統的な生活体験と地域の人々との交流を楽しみつつ，農家や古民家等での宿泊によって，旅行者にその土地の魅力を味わってもらう農山漁村滞在型旅行」と定義している。

　この定義に基づき，各農山漁村地域ごとに，農家民泊，漁師民泊，城泊，寺泊，別荘泊，古民家泊，学校泊（廃校になった校舎の活用も含む），空手などの道場泊など，地域の特性に応じた，実に多様なタイプの「農泊」宿泊施設が存在している。そして，農山漁村ならではの宿泊体験を提供するだけではなく，近隣のレストランや飲食店で地元農家が生産した農産物や地元食材の郷土料理を味わったり，農林水産直売所で買い物をしたり，田植えや稲刈り，野菜収穫，牧場での乳しぼり，山菜狩り，ジャムづくり，工芸品づくりなど体験メニューに取り組んだりといった，幅広い体験をすることが広義の「農泊」であるといえる。

（3）「農家民泊」，「農家民宿」と「農泊」の違い

　「民泊」とは，都市部および農山漁村地域の双方において，戸建住宅やマンションなどの共同住宅などの住宅の全部または一部を活用して，旅行者などに宿泊サービスを提供することであるのに対し，「農家民泊」は農業を営んでいる家庭の家に宿泊し，農家とともに生活して，ありのままの農家の生活を体験することができる「住宅施設」である。

　また，「農家民宿」とは，農山漁村余暇法で導入された体験型の宿泊形態の１つであり，農業を営んでいる農家がその住居を旅行者に提供する「農林漁業体験民宿」とも呼ばれている宿泊施設で，反復継続して有償で宿泊施設を提供するもの（営業行為）であり，旅館業法に基づく簡易宿所営業の認可が必要な「民宿」の形態である。ただし，客室の延べ床面積が 33 ㎡未満でも開業が可能で，一般の簡易宿泊所が 33 ㎡以上必要なのに比べて開業しやすくなっており，（農家）民泊のような営業日数年間 180 日（泊）といった制限はない。

　これに対し，「農泊」の概念とは，単に農家民泊や農家民宿だけを指すのではなく，英語で言う "Countryside Stay" すなわち都市民泊以外の農山漁村地域における宿泊全般を指すといえる。

（4）農泊の課題と期待

　農泊は，「明日の日本を支える観光ビジョン（2016（平成 28）年 3 月 30 日）」において，「日本ならではの伝統的な生活体験と非農家を含む農村地域の人々との交流を楽しむ農泊を推進する」と明記されたことにより，積極的に展開されはじめて，農山漁村の所得向上を実現する上での重要な柱として位置づけられている。インバウンドを含む観光客を農山漁村にも呼び込み，活性化を図るため，地域一丸となって農山漁村滞在型旅行をビジネスとして持続可能な体制を整備することが急務の課題とされている。

　農山漁村地域の使われていない遊休資産や埋もれている地域資源などを活用し，農山漁村地域に暮らす人々や農家の所得向上で地域が活性化され，地域経済が潤い，新たな雇用が生まれる。これにより，関係人口や移住・定住者が増えるといった好循環がもたらされ，地方創生の切り札としても期待されている。

主要参考文献

中里真（2020）「住宅宿泊事業法（民泊新法）施行後の状況と消費者への影響」『行政社会論集』福島大学行政社会学会。

牧野知宏（2015）『インバウンドの衝撃』祥伝社。

観光庁『民泊制度ポータルサイト』HP（http://www.mlit.go.jp/kankocho/minpaku/：2022年6月20日アクセス）

農林水産省 HP（https://www.maff.go.jp/j/nousin/kouryu/170203.html：2020年2月20日アクセス）

（木本 和男，永山 久徳）

第15章　これからの宿泊産業

1．宿泊産業をとりまく状況

　近年しばしば耳にするのが，SDGs という言葉である。Sustainable Development Goals の略であり，「持続可能な開発目標」と訳される。2015 年の国連総会で採択された行動計画であり，17 の目標と，169 の達成基準から成り立っている。17 の目標は，以下の通りである。

目標1：【貧困をなくそう】あらゆる場所のあらゆる形態の貧困を終わらせる

目標2：【飢餓をゼロに】飢餓を終わらせ，食料安全保障及び栄養改善を実現し，持続可能な農業を促進する

目標3：【すべての人に健康と福祉を】あらゆる年齢のすべての人々の健康的な生活を確保し，福祉を促進する

目標4：【質の高い教育をみんなに】すべての人々への包摂的かつ公正な質の高い教育を提供し，生涯学習の機会を促進する

目標5：【ジェンダー平等を実現しよう】ジェンダー平等を達成し，すべての女性及び女児のエンパワーメントを行う

目標6：【安全な水とトイレを世界中に】すべての人々の水と衛生の利用可能性と持続可能な管理を確保する

目標7：【エネルギーをみんなにそしてクリーンに】すべての人々の，安価かつ信頼できる持続可能な近代的エネルギーへのアクセスを確保する

目標8：【働きがいも経済成長も】包摂的かつ持続可能な経済成長及びすべての人々の完全かつ生産的な雇用と働きがいのある人間らしい雇用（ディーセント・ワーク）を促進する

目標9：【産業と技術革新の基盤をつくろう】強靱（レジリエント）なイン

フラ構築，包摂的かつ持続可能な産業化の促進及びイノベーションの推進を図る

目標10：【人や国の不平等をなくそう】各国内及び各国間の不平等を是正する

目標11：【住み続けられるまちづくりを】包摂的で安全かつ強靭（レジリエント）で持続可能な都市及び人間居住を実現する

目標12：【つくる責任つかう責任】持続可能な生産消費形態を確保する

目標13：【気候変動に具体的な対策を】気候変動及びその影響を軽減するための緊急対策を講じる

目標14：【海の豊かさを守ろう】持続可能な開発のために海洋・海洋資源を保全し，持続可能な形で利用する

目標15：【陸の豊かさも守ろう】陸域生態系の保護，回復，持続可能な利用の推進，持続可能な森林の経営，砂漠化への対処，ならびに土地の劣化の阻止・回復及び生物多様性の損失を阻止する

目標16：【平等と公正をすべての人に】持続可能な開発のための平和で包摂的な社会を促進し，すべての人々に司法へのアクセスを提供し，あらゆるレベルにおいて効果的で説明責任のある包摂的な制度を構築する

目標17：【パートナーシップで目標を達成しよう】持続可能な開発のための実施手段を強化し，グローバル・パートナーシップを活性化する

出典：「我々の世界を変革する：持続可能な開発のための2030アジェンダ」の外務省仮訳。

　これらはいずれも，宿泊産業にも大きく影響する。2030年の達成を目指しており，2020（令和2）年1月からは，この目標を実現するための「行動の10年」がスタートした。

　UNWTOでは，観光分野は特に目標8と目標12，目標14を重点目標とし，具体的には，以下のように示している。

目標8【働きがいも経済成長も】⇒ 地域社会や経済を支える持続可能な観光の推進

目標 12【つくる責任つかう責任】⇒ 持続可能な観光を計測する手法の開発

目標 14【海の豊かさを守ろう】⇒ 海面上昇の危機に瀕する島嶼国の海洋観
光資源のあり方を検討

　もちろん，この 3 つはあくまで重点目標であり，他の目標も達成することが
求められる。

　実際に宿泊産業が試みているアクションとしては，地産地消を意識したメニュー構成や食品ロスをなくすこと，海洋プラスチック汚染の対策，例えばプラスチック製ストローやペットボトルの廃止，そして再生可能エネルギーの活用などは徐々にわが国でも取り入れられつつある。他にもユニバーサルデザイン／サービスを意識することや，フェアトレードの実現なども，宿泊産業を含む観光産業では必要とされよう。

　一方，2019（令和元）年に武漢から広まった新型コロナウィルスは，宿泊産業を含む観光産業に多大なる影響を及ぼした。これまでも，2002（平成 14）年から 2003（平成 15）年にかけて猛威をふるった SARS，2009（平成 21）年から 2010（平成 22）年にかけての新型インフルエンザの流行，2013（平成 25）年以降アウトブレイクした MARS のような，疫病やウィルスの蔓延によって観光業界は大きな打撃を受けてきた。

　また，1991（平成 3）年の湾岸戦争や 2001（平成 13）年のアメリカ同時多発テロ事件のような戦争・紛争，2011（平成 23）年の東日本大震災のような天変地異，2008（平成 20）年のリーマンショックをはじめとする景気減退などによっても，観光産業には大きな影響が及んだ。

　いずれも，局地的・局所的に需要の大幅な減退に見舞われた。しかし，2020（令和 2）年の新型コロナウィルス蔓延に関しては，全世界的な規模で急速に広まったこともあり，業種の如何を問わず影響し，立ち直るには時間がかかることになるだろう。

　こうしたことは，今後の観光産業には避けられない大きな課題であるといえる。宿泊産業でも同様であり，このような流れを意識できない企業は，市場からの退出も求められる事態になりかねない。

　とはいえ，観光そのものを人々がしなくなったということは史上なかった。その意味でも，持続的な成長を宿泊産業でも模索していくべきであろう。

　本書においては，次項で，このうちユニバーサルデザインに焦点を当てて検討する。

2．ユニバーサルデザインと宿泊

（1）宿泊施設のバリアフリー基準

　高齢者，障害者等の移動等の円滑化の促進に関する法律（通称バリアフリー法）が改正され，その具体的な運用を行う際のガイドラインである，ホテルまたは旅館における高齢者，障害者等の円滑な移動等に配慮した建築設計標準（追補版）が取りまとめられた。主な改正事項の１つに，車いす使用者用客室設置数の基準見直し（2018（平成30）年公布，2019（平成31）年施行）がある。その改正内容は，床面積2,000平方メートル以上かつ客室総数50室以上のホテルまたは旅館を建築（新築，増築，改築または用途変更）する場合に必要な車いす使用者用客室を，従来の１室以上から建築する客室総数の１％以上に改正するというものである。つまり，1,000室のホテルを新規建設する場合は，10室以上の車いす使用者用客室が必要となる。その客室の主な基準内容は，客室・トイレ・浴室等の出入口幅を80cm以上とすること，客室の床には原則として段差を設けない，客室内には車いす使用者が360°回転できるよう直径150cm以上の円が内接できるスペースを設けるなど，建築設計標準には細則が規定されている。

　また，東京都は「OPEN STAY TOKYO 全ての人に快適な宿泊を」をスローガンとして，建築物バリアフリー条例を改正した。高齢化社会の進展等を見据え，宿泊施設における一般客室の整備基準を条例化し，2019（令和元）年に施行したのである。対象は，新築，増築または改築部分の床面積の合計が1,000平方メートル以上の建築物におけるすべての客室で，客室内の基準は，客室の出入口幅は80cm以上，客室のトイレ・浴室等の出入口幅は70cm以上（努力義務75cm以上），客室内に階段または段を設けない，客室出入口からベッド・トイレおよび浴室等までの経路幅は70cm以上と規定されている。これは，車いす使用者用客室ではない，一般客室に対する条例である。その意図は，車いす使用者だけではなく，訪日外国人旅行者などを含めすべての旅行者の多様な欲求に対応しようとする首都東京の姿勢が条例化されたものといえる。宿泊者

の多様化から，車いす使用者用客室の設置は義務づけられた。ここでいう車い
す使用者用客室とは，一般的にバリアフリールームとか，ユニバーサルルーム
などといわれている。高齢者，肢体不自由者という車いすユーザーのみなら
ず，視覚・聴覚障がい者等にも対応している宿泊施設もある。このバリアフ
リールームまたはユニバーサルルームは，車いす使用者であれば，単に広く段
差がないという設計だけでは適さないと考えられる。さらに大切な要件は，デ
ザイン性や設計上の配慮であり，結果そこに宿泊してみたいと思える期待感で
ある。

　バリアフリーとは，障壁を除去するという意味で，生活環境といったハード
面で，さらに差別や偏見といったソフト面で人々の社会参画の妨げになるもの
を取り除き，すべての人が真に住みよい社会を創ることを意味することであ
る。現存するバリアとしては，物理的バリア，制度的バリア，文化情報面での
バリア，意識上のバリア（心のバリア）という4つのバリア構造が挙げられる。
一方，ユニバーサルデザインは，「調整または特別な設計を必要とすることな
く，最大限可能な範囲ですべての人が使用することのできる製品，環境，計画
及びサービスの設計をいう」と障害者権利条約で定義され，さらに低コストか
つ美しいデザインであることが重要であるとされている。このユニバーサルデ
ザインは，アメリカの建築家で工業デザイナーであるロナウド・メイスにより
1980年代に提唱されたもので，1. 公平性，2. 自由度，3. 単純性，4. わかり
やすさ，5. 安全性，6. 省体力，7. スペースの確保，を内容とする7つの原則
を定めている。

　バリアフリーは，特別な対策であるため汎用性が低くなり，結果として過剰
な投資とされることがある。つまり単価が高い可能性がある。また，特別な対
策を行うことで，利用者に特別な意識が生まれる可能性があり，利用頻度が低
くなる場合がある。このことは，利用者が障がい者のための特別な仕様である
と認識してしまう利用者側の心のバリアを生んでしまうという事実につなが
る。結果として，「なんかこの部屋に泊まりたくない」という心情である。

　それに対し，ユニバーサルデザインは，すべての人が対象なため，汎用性が
高く市場性も高まり経済的になる。またあらゆる多くの欲求に対応可能な選択
肢のある整備を行うことで，高齢者・障がい者等に対する特別な対策が存在し
ないため利用者に対する特別な意識も生まれない。ユニバーサルデザインは，

バリアフリーで生じるいくつかの問題を解決できる概念なのである。さらに，ユニバーサルデザインは，低コストかつ美しいデザインであることが重要であるとされる。デザイン性や設計上の配慮，つまり宿泊施設側の創意工夫（アイデア・デザイン・センス）の実践が，宿泊してみたいと思える期待感を生み，それが利用者の選択基準となるのである。

（2）さまざまな取り組み事例

①　京王プラザホテルの例

　高齢や障がいのあるお客様は，宿泊施設のさまざまな情報を求めている。事前チェックを行うことは当然で，まずホームページ等での情報発信が有益となる。

　京王プラザホテルの公式ホームページには，車いすをご利用の方・聞こえにくい方・見えにくい方・補助犬ユーザーの方・オストメイトの方，その他貸出備品一覧等，ユニバーサル対応として，その多様な取り組みが列挙されている。その取り組みの中でも例えば，新宿駅からホテルまでの車いすによる移動の画像，客室において視覚障がい者対応として置かれているシャンプー・コンディショナー・ボディソープのミニボトルにそれぞれ輪ゴムが2本・1本・0本と手で触ってそのボトルを確認することができる工夫，車いすが近づきやすいミニバー（高さ107cm，足元43cmの空間）などホテル側の創意工夫が実践されている。高い位置に設置されたミニバーは，健常者にとっても腰を屈めることなくアクセスできる便利な高さになったといえる。

写真15-1，15-2　京王プラザホテルの対応

（出典：以下，本章内の写真は各企業HPより）

② 小田急リゾーツ「ホテルはつはな」の例

女性にやさしい宿，箱根「ホテルはつはな」は，ユニバーサルスタイルの客室を有している。館内で貸し出される車いすは，ひのき風呂付き和洋式ユニバーサルタイプの客室と見事に一体化する。木の温もりが伝わり，客室と調和して何ら違和感がないデザインで設計されている。

写真 15 － 3，15 － 4　ホテルはつはなの対応

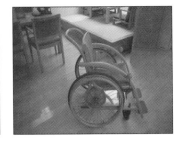

③ なにわ一水の例

松江しんじ湖温泉の「なにわ一水」は，2016 年，バリアフリー・ユニバーサルデザイン推進功労者表彰において内閣府特命担当大臣表彰を受賞した。そのバリアフリー客室は，障がい者のための特別な仕様ではなく，むしろ泊まってみたいと思えるおしゃれ感がある。障壁を取り除くバリアフリーではなく，すべての人にとってセンスがいいと感じられるユニバーサルデザイン仕様となっているのである。

写真 15 － 5，15 － 6　なにわ一水の対応

④ 鈴の宿登府屋旅館の例

ある老舗旅館のコンサルタントから以下のような話をうかがった。「多くの

お客様にご利用いただきたい。もちろん車いすのお客様にもおこしいただきたい。でも，お風呂場は遠く段差があり，またお手伝いをするスタッフもいない，まして改修する費用もない。予約を承ることでお互いに迷惑をかけてしまう。だから，正直に現状を説明してお断りするのです」という話であった。

　鈴の宿登府屋旅館（山形県小野川温泉）はそれまでも現在も，車いすでも楽に泊まれるバリアフリーの温泉宿として人気を博している。お風呂は大浴場と露天風呂があるが，車いすユーザーをはじめとした多くのお客様からの要望で，介助者を含めた家族で入れる貸切り風呂の設置希望が多くあった。しかし改修の費用は少ない。そこで熟考した結果，2017 年にクラウドファンディングを利用して建設することになった。また同館では，入浴に関しては事前予約にて介助ヘルパーの手配を実施している。それは，「お手伝いしたい気持ちはやまやまですが，お客様のお体の状態はまちまちです。経験を積んだ身体介護の有資格者にお任せすることによって，安心して温泉を愉しんでいただきたい」という宿泊施設側の創意工夫の表れである。

写真 15 － 7，15 － 8　登府屋旅館の対応

（3）今後の展開

　ユニバーサルルームを設けたことで売り上げが向上したという宿泊施設が存在する。その理由は，1 人では宿泊しないので宿泊客数が増加した，オフ期に利用する場合が多い，大きなイベントとして捉えられているため，1 人当たりの消費単価が高く，早期の予約につながり，さらに体調に留意するためキャンセルが少ない，などの要因によることと分析されている。旅のユニバーサルデザインを促進することによって，さらなるお客様をお迎えし，収入に貢献している宿泊施設が現実に存在するのである。すべてのお客様に対応するには，さ

まざまな創意工夫が必要となる。その創意工夫を実践するためには，まず宿泊施設側のモチベーションが欠かせない。

　今後は，東京都の条例をみても明らかなように，全客室，館内がユニバーサルデザインという宿泊施設が一般的となるであろう。しかし，考慮しなければならないことは，障がいといってもその状態は個々によってさまざまであるということである。英語では障がい者（DISABLED PEOPLE）とはいわず，障がいとともに生きる人（PEOPLE WITH DISABILITIES）という言葉を使用する。人がまずいる。そして，障がいはその人の一個性と考えるのである。ユニバーサルデザインでの対応を最大化しつつも，それでも満たされない個性が存在する。その個性を補うのが調整の概念である。足りないものがある，だったらそれは補えばいいという概念である。はじめから調整を前提としているのである。個々の個性に対応することは，すべてが上手くできなくて当たり前である。その調整のために必要なものは，あとちょっとの人の手なのであろう。その昔，旅は苦労をともなうつらいものであったとされている。宿泊施設側，お客様双方が，多少の不便があったとしても，苦労して宿泊することも旅の歓びと思う気持ちも必要なのではないかと考える。

3．宿泊産業の将来

（1）クライシスを迎えて

　2019（令和元）年まで，わが国の宿泊産業は「わが世の春」を謳歌していたといえるだろう。2011（平成23）年の東日本大震災後，この国はもう終わりなのではないか…とさえ思われたが，その後，外国人来訪者数は毎年のように過去最高を更新し続け，2018（平成30）年以降は3,000万人を超えるに至った。国内旅行も，シニア層の増加と旅館チェーンの進展により，増加傾向となっていた。

　2010年代前半，東京の最高価格帯に位置していたホテルは，3〜4万円程度で泊まることができたケースもあったが，こうした実情を背景に，2019（令和元）年頃には6〜7万円は出さなければ泊まれない状況となっていた。これは低価格帯の施設でも同様の傾向を示しており，企業の規定では出張旅費がまかなえないと嘆くサラリーマンがマスコミのインタビューに答えていたのが印象

的でもあった。

　この流れは，2020（令和2）年7月から開催されるはずだった東京オリンピック・パラリンピックにより，さらに加速されることが予想されていた。また，それを期待しての「駆け込み開業」に向けて，多くのホテルが準備を進めてもいた。

　ご存知の通り，この状況に冷や水をかけたのが新型コロナウィルスである。海外からの来訪者はもちろん，国内でも都道府県間の移動自粛が求められ，宿泊産業はもとより，旅行業，交通事業など，多くの観光関連産業は大きな打撃を受けることになってしまった。事業者の中には，残念ながら破綻の道に進まざるをえなかった企業も多く，観光関連産業の将来には暗雲が漂っているように感じられた。

　もちろん，これまでも急速な需要減退によって業界が危機に瀕したことは幾度となくあった。21世紀に入ってからだけでも，われわれは以下のクライシスに直面してきた。

・米国同時多発テロ
・SARS
・リーマンショック
・東日本大震災

　しかし，こうしたクライシスの多くは，地域的あるいは業種的に限定的な影響を及ぼす程度で済んでいた。その点からすれば，今回のクライシスは全世界的規模で，また，あらゆる業種に影響が及び，その意味ではこれまでとは大きく異なる状況であるといえるだろう。

　それ以前も含めたこの100年でいえば，

・関東大震災
・第二次世界大戦
・オイルショック
・阪神・淡路大震災

なども含まれ，この中には全国規模でのクライシスになったものもある。例えば，第二次世界大戦は，日本自身が当事者でもあり，首都東京をはじめ日本中

が焼け野原となった。この大戦のうち，特に1941（昭和16）年暮れの真珠湾攻撃から1945（昭和20）年夏の降伏まで4年弱続いた太平洋戦争は，その後のわが国に大きな爪痕を残した。さまざまな価値観は全面的に転換したうえ，戦後の復興には時間がかかり，「もはや戦後ではない」と経済白書が結んだのは，戦後11年を経た1956（昭和31）年のことであった。

　本書で何度も取り上げた「帝国ホテル」は，1890（明治23）年に開業してから130年にわたる歴史の中で，こうした苦難を幾度となく乗り越えてきた。自社に関するものはほかにも，1919（大正8）年，当時の別館が火事で全焼，1922（大正11）年，初代の本館がやはり火事で全焼，二代目の本館であるいわゆる「ライト館」は，開業記念式典の日，1923（大正12）年9月1日に関東大震災に見舞われている。

　昭和に入り，国際観光も増加しはじめ，成長が期待できる時代となったが，1937（昭和12）年以降は戦時色が日に日に強まっていった。観光振興にも大いなる期待がかかった1940（昭和15）年の東京オリンピックと日本万国博覧会は，直前で中止が決まってしまう。1941（昭和16）年には太平洋戦争が開戦，社会は混迷の度を深めていき，1945（昭和20）年の敗戦ですべては無に帰することになる。

　戦争が終わっても，主要ホテルはいずれも接収の憂き目にあった。帝国ホテルの場合，接収が解除されたのは1952（昭和27）年のことである。

　こうした多くの苦難を乗り越えて130年の歴史がある。そして，同ホテルは2020（令和2）年，再び大きな苦難に見舞われたということでもある。

（2）多様化する宿泊産業とわが国における将来像

　本書でもさまざまな宿泊産業を取り上げたが，観光のみならずビジネストリップにも応えるべく，宿泊施設は多くの工夫を積み重ねてきた。ホスピタリティ産業はソフト面，すなわちサービスの提供にスポットライトが当てられることが多いが，一方で技術革新が生じるたびに，それを色々な形で取り入れてもきている。Wifiが使えるのは当たり前となっているし，ロボットによる接客がなされる施設が増えていることも周知の通りである。少しでも快適に，そしてゆっくりと過ごしてもらいたいというサービス提供側の想いが，ソフトにもハードにも結実し，現状の宿泊産業が日々，運営されているということになる。

かつては和風か洋風か，あるいは高価格か低価格かといった尺度でしか分類されていなかったわが国の宿泊施設も，21 世紀に入ってからはきわめて多様化している。近年では「ライフスタイル・ホテル」といった新業態も話題となっている。今後も恐らくは，われわれの想像もしなかった施設が登場してくることだろう。

著名な歴史学者であったヨハン・ホイジンガは人間を，「ホモ・ルーデンス」すなわち「遊ぶ人」であると定義づけた。これはもちろん，「ホモ・サピエンス」すなわち「考える人」との対比を意識しているのであるが，われわれ人間は，確かに遊ぶという要素がなくては生きられない。この視点を踏まえると，「観光」とは「不要不急」の「余計なこと」ではなく「生きるために必須である人間の営為」とも考えられ，近年の観光学研究では，こうしたアプローチを採用するものも散見されるようになってきた。

その意味では，「観光立国」を目指していくというわが国の方針は興味深いものであるが，1 つだけ，重要な点を指摘しておかねばならない。

インバウンドが増えることは確かに観光立国に近づくポイントであるが，せっかく多くの人が訪日してくれても，いわゆる「外資系」の宿泊施設に泊まった場合には，支払金額の一部は海外に流出してしまうということである。というよりも，なにより問題なのは，多くの「外資系」宿泊施設が存在しながら，日本資本の宿泊施設が，海外にあまり展開できていないことである。本書でも触れた世界的ホテルチェーンは，いずれも他国の企業である。日本に本拠地のある世界的ホテルチェーンが出現しない限り，本当の観光立国とはいえないのではないだろうか。

要は，宿泊産業もこれまでの日本基準での「土俵」ではなく，世界基準での「競技場」で経営を考えねばならなくなったということである。日本の良さをただ声高に訴えるだけでなく，それを世界中の相手との競技においても使えるようにアレンジし，相手にも観客にもそれを伝えるよう努め，その上で競争相手に勝てるような戦略を練らなければならないのである。

そのキーワードは「不確実性」であると考える。ホスピタリティといわれる状況は，必ず何らかの不確実性が必要となる。天変地異も多く，気候の変動も激しいわが国では，この不確実性への対応力が他国の人々よりも高いように思われる。これは天変地異や気候といったマクロ的，自然環境的な側面のみなら

ず，ミクロ的，社会環境的な側面に対しても当然影響があるといえる。われわれ日本人が細やかな対応が可能といわれる所以は，1つにはここに要因がある。

そして，もう1つのポイントは，「和」である。日本人は古来，他人と争うことをあまり好まず，可能であれば話し合いでお互いに妥協点を見出す「和」の精神こそが価値基準の根本となってきた。そのために必要な時さえも争わずに，どうしても必要とされるギリギリになってから戦うことで，泥沼の状態になってしまうことも多かった。

しかし，この点も見方を変えれば，そもそも競争環境において直接的な対決を避けるための戦略を構築し実行すればいいだけの話である。こうしたことに対しても，日本にはアドバンテージがあるように感じられる。

これまでの日本ならではの「おもてなし」を，上記の不確実性と和の戦略のもとで再構築すると，将来が開けてくるのではないだろうか。

【主要参考文献】

川内美彦（2001）『ユニバーサル・デザイン バリアフリーへの問いかけ』学芸出版社。
国土交通省（2017）『高齢者，障害者の円滑な移動等に配慮した建築設計標準』。
国土交通省（2019）『ホテル又は旅館における高齢者，障害者の円滑な移動等に配慮した建築設計標準追補版』。
島川崇（2019）『観光と福祉』成山堂書店。
羽田耕治（2014）『観光学基礎』JTB総合研究所。
宗澤拓郎・太田清華（2001）「高齢者はどんな情報を求めているか—心のバリアフリーを目指して」『情報システムと社会環境』77-7。
山崎まゆみ（2019）『みんな笑顔に！行ってみようよ！親孝行温泉』昭文社。
『観光と持続可能な開発目標—2030年への道程　重要事項』UNWTO, 2019。
『月刊エアライン』2020年5月号，イカロス社。
京王プラザホテル
　https://www.keioplaza.co.jp/guide/universal/（2020年2月23日アクセス）
鈴の宿登府屋旅館　https://tofuya.jp/barrier-free/（2020年2月23日アクセス）
東京都
　https://www.koho.metro.tokyo.lg.jp/2019/05/04.html（2020年2月23日アクセス）
なにわ一水　http://www.naniwa-i.com/（2020年2月23日アクセス）
ホテルはつはな
　https://www.hakone-hotelhatsuhana.jp/rooms/hinoki.php（2020年2月23日アクセス）

（徳江 順一郎，竹内 敏彦）

おわりに

改訂前の本書は，編者が 1 人で書いたため，至らない点も多々あったように思う。実際，2013 年に最初の出版がなされて以降も，市場は絶えず変化を続け，それに対応すべく産業側も大きく変化したことから，途中で改訂はしたものの，なかなか内容が現実に追いつけないことも多かった。

今回の改訂では，各専門分野の著者同士で議論を繰り返し，それを踏まえて執筆をしたことで，非常に内容の濃いものに仕上がった。宿泊産業の事業展開を，網羅的に把握しやすくなったと自負している。

日本の宿泊産業には，わが国固有の業態である旅館が存在するため，他国での研究成果をそのまま取り入れることはなかなか難しい。もちろん，経営学・商学関連の研究成果をうまく応用させようと試みた業績も存在するが，一方でマクロ的な「成果」といえる旅館の軒数は，減少し続けているのが実情である。

例えば，本書内でも指摘しているが，昨今は旅館の「泊食分離」を進める方向での議論がしばしばなされており，実際にそういった試みを導入しつつある旅館も存在する。しかし，この泊食分離を表面的にのみ取り上げて，単に「一泊二食をやめる」という対応を志向してもうまくいかないことが多い。一泊二食では「見た目の価格」が高くなってしまうために，競争力の低下が指摘されることが多いが，価格だけを議論しても意味がないことは自明である。例えば，モルディブなどの一島一リゾートにおける「フル・ボード」のシステムとの比較といった視点で語られることはこれまでなかった。

また，産業を取り巻く社会や経済も大きく変化し続けている。改訂前の本書では，最後の章で，とある旅館をケースとして宿泊施設の悪慣習について論じた。予約前後の不手際を，現場の責任に帰するような対応に関しての苦言であった。

時代は変わるもので，最近では逆に，お客側での予約の悪用，すなわち，同日に複数の施設に予約を入れて，キャンセルの連絡を入れることもないまま「ノーショウ」すなわち宿に訪れないという事態が問題となっている。こうした状況に対しては宿側も業を煮やし，法廷での解決が目指されることになりつ

238

つある。

　本来的には，こうした予約というのはいわば「契約」であり，前提条件にしたがって粛々とキャンセルが行われたりキャンセル料が徴収されたりすべきであるが，日本人独特の暗黙知を前提として，あいまいな状況が続いてきたともいえるだろう。宿側も，お客側も，心理学でいうところの「社会的不確実性」を悪用していればお互いに損をする結果につながるというのは，ゲーム理論でもしばしば指摘されている。

　ところで，2020（令和 2）年現在の日本は，いや，世界中が新型コロナウィルスの嵐に巻き込まれ，観光産業は壊滅的な打撃を受けている。文字通り未曾有の事態が生じているのであるが，観光とは人間にとって決して「不要不急」ではなく，「健康で文化的」な生活を維持するうえで必須の営みであることは，先行研究でも示されている。このことを念頭に，われわれは学術の領域から研究と教育を通じて業界を支え，再度の成長に向けて全力で支えていきたいと考えている。

　2016 年の改訂版では，冒頭で以下のように記した。

　　2020 年の東京オリンピック・パラリンピック開催に向けて，わが国の
　観光業界はさらなる変化が予想される。…（中略）…本書も恐らくは，そ
　の頃にまた改訂する必要が生じていると思われる。それが，わが国にとっ
　て残念な方向ではないことを祈りたい。

　少なくとも，2019 年までのトレンドを踏まえ，成長産業としての宿泊産業を論じた方向性となったが，現実は目を覆わんばかりの状況である。次の改訂では，名実ともに成長産業を論じられるようになることを切に願っている。

　なお，本書が誕生したのは，日本国際観光学会の宿泊関連研究部会における研究会での議論がきっかけとなっている。このような部会の設置を認めてくださった島川崇会長，事務局の永昌俊顯様をはじめとした学会の先生方に深くお礼申し上げ，結びの言葉としたい。

著者一同

索　引

【人名索引】

《著者紹介》（五十音順）

石川達也（いしかわ・たつや）

東洋大学大学院国際地域学研究科国際観光学専攻修士課程修了。国内のシティホテルを皮切りにリゾートホテルの開発や再生業務に多数従事。また，南太平洋フィジー共和国マナアイランドリゾートの再生ならびにファイブスターホテルにおける海外挙式のビジネスモデルを構築。コミュニティホテル・日本旅館の運営の実務に従事するかたわら，地域における食による活性化にも取り組んでいる。専門領域は，ホテル旅館マネジメント，外食ビジネスの運営全般など。

現在，（株）安心プランニング取締役総支配人，立教大学大学院ビジネスデザイン研究科兼任講師。

植松大介（うえまつ・だいすけ）

順天堂大学スポーツ健康科学部スポーツマネジメント学科卒業，順天堂大学大学院スポーツ健康科学研究科前期課程修了（スポーツマネジメント修士）。大学院修了後，（株）プリンスホテル入社。赤坂，ハワイ，東京プリンスホテルパークタワー（現・ザ・プリンス パークタワー東京）宿泊部，客船飛鳥Ⅱ乗務員，（株）東急ホテルズ（現：横浜ベイホテル東急）宿泊部，東京観光専門学校常勤講師を経て，2015年より武蔵丘短期大学に実務家教員として着任。専門分野はホテルビジネス論。

現在，武蔵丘短期大学健康生活学科健康マネジメント専攻准教授。

内田　彩（うちだ・あや）

立教大学大学院観光学研究科博士課程後期課程修了。博士（観光学）。大阪観光大学，千葉商科大学などを経て2019年より現職。専門分野は観光歴史学，観光行動論。

現在，東洋大学国際観光学部准教授。

著書は，単著「近世後期における温泉地への旅と滞在生活に関する研究」（学位論文），共著「滞在型観光」（橋本俊哉編『観光全集 観光行動論』日本観光研究学会），「観光と宿泊」『新現代観光総論─第3版』学文社，「我が国の湯治文化と歴史について」（健康と温泉フォーラム『新湯治のすすめ』）など。

木本和男（きもと・かずお）

東洋大学大学院国際観光学研究科国際観光学専攻博士前期課程修了。

大学卒業後に農協観光に入社後，旅行企画，営業に従事。

一般社団法人全国農協観光協会事業部長時代には，地域活性化や農泊・都市農村交流などに関する業務に携わる。

現在は，（株）農協観光の総務部長，および駿河台大学経済経営学部の非常勤講師として観光ビジネスの講義を担当。JATA登録講師，総合旅行業務取扱管理者，健康生きがい作りアドバイザー，さいたま市の文化財保存活用地域計画策定委員。

崎本武志（さきもと・たけし）

1967年和歌山県出身（出生地は大阪府内）。1990年法政大学法学部政治学科卒，同年（株）日本交通公社（現・JTB）入社。2007年東洋大学大学院国際地域学研究科修士課程修了，2019年大阪府立大学大学院経済学研究科博士課程修了。

2007年よりLEC東京リーガルマインド大学総合キャリア学部，2012年より大阪観光大学観光学部，2015年より江戸川大学社会学部現代社会学科准教授に就任，2019年より教授。

著書は『現代の観光事業』（共著・ミネルヴァ書房），『観光交通ビジネス』（共著・成山堂書店），『気づきの現代社会学Ⅲ フィールドワークが世界を変える』（共著・梓出

版社）など。

杉浦康広（すぎうら・やすひろ）

大学卒業後，(株)京王プラザホテル入社。ベルボーイ，宴会バー，宴会サービス，宴会予約，ブライダルにて勤務。2003 年より京王プラザホテル八王子のブライダルマネージャー，2009 年京王プラザホテル新宿ウエディングチーフ，2013 年同副支配人，2018 年京王プラザホテル多摩料飲宴会副支配人。ウエディングプランナー，宴会予約コーディネーターとして 20 年以上の勤務経験を持つ。

現在，目白大学短期大学部ビジネス社会学科専任講師。

高橋祐次（たかはし・ゆうじ）

明治大学商学部商学科卒業（マーケティング専攻）。全国チェーンの小売業を定年退職後，本格的に温泉活動に従事。東洋大学大学院国際地域学研究科国際観光学専攻博士前期課程修了。修士（国際観光学）。

現在，東洋大学大学院国際観光学研究科国際観光学専攻博士後期課程在学中。日本温泉地域学会幹事，日本温泉協会講師，日本国際観光学会会員（宿泊関連研究部会所属）。大阪観光大学観光学研究所学外研究員。

田上　衛（たがみ・まもる）

産業能率大学情報マネジメント学部現代マネジメント学科卒業，産業能率大学大学院総合マネジメント研究科修士課程修了。専門はマーケティング論，コンテンツ・ビジネス論（アイドル）。

現在，公務員をしつつ，東洋大学現代社会総合研究所客員研究員。

著書は，『おもてなしを考える－余暇学と観光学による多面的検討－』（余暇ツーリズム学会編，創文企画）など。

竹内敏彦（たけうち・としひこ）

東洋大学大学院国際地域学研究科国際観光学修士課程修了。(株)日本交通公社（現 JTB）に入社後，企画造成・営業に携わる。ロイヤルロード銀座「旅彩々」支配人として年齢を限定した旅行商品「50 歳からの海外旅行」を発表し，熟年専門商品における市場特性を顕在化させた。

現在は，JTB トラベル＆ホテルカレッジ講師，東洋大学国際観光学部非常勤講師。旅行産業経営塾 4 期生，総合旅行業務取扱管理者，クルーズコンサルタント，サービス介助士。

著書は，『観光と福祉』（成山堂書店），資格公式テキスト『旅のユニバーサルデザインアドバイザー』，また，単著論文として「ユニバーサルツーリズム促進に向けた考察―旅行業者の意識改革とその実践―」（『日本国際観光学会論文集』第 26 号）など。

永山久徳（ながやま・ひさのり）

筑波大学大学院環境科学研究科修士課程修了。修士（環境科学）。

東急不動産(株)に勤務後，(株)下電ホテルに入社。事業を拡大し「ゆのごう美春閣」，「ホテルセイリュウ」を買収する。旅館経営をしつつ『ワカダンナフル～ながやま節考 2～』（たる出版）を執筆するなど，多彩な才能を発揮。

現在，(株)下電ホテル（鷲羽山下電ホテル）／(株)ホテルリゾート下電（ゆのごう美春閣）の代表取締役社長であり，(株)石切ゆめ倶楽部（東石切温泉ホテルセイリュウ）の経営にも関わる。日本旅館協会・副会長／日本国際観光学会宿泊関連研究部会オブザーバー。

成実信吾（なるみ・しんご）

1976 年東京外国語大学中国語科卒業，同年大阪商船三井船舶(株)（現（株）商船三井）入社。2007 年関西汽船(株) 常勤監査役就任，2010 年（株）商船三井復社，内部監査室室長代理就任。2011 年一般社団法人日本長距離フェリー協会出向，2012 年同協会常務理事就任，2013 年同協会及び（株)商船三井退社

現在，東洋大学大学院国際地域学研究科国際観光学専攻博士後期課程にて研究を遂行中。

山中左衛子（やまなか・さえこ）

津田塾大学学芸学部国際関係学科卒業後，(株)帝国ホテル入社。営業，米国ホテルデュポン出向，上高地，東京フロント支配人職，大阪開業準備室，本社広報責任者を経て，2006 年人材育成部長，2016 年に同社内部統制部長。2011 年から 2016 年まで，一般社団法人日本ホテル協会研修委員。

2018 年より帝京大学経済学部観光経営学科教授。

著書に『東京今昔物語』（公益財団法人東京都不動産鑑定士協会編，担当：第 3 章 日比谷の街と帝国ホテルの歩み，実業之日本社）など。

【執筆協力（順不同・敬称略）】青山容子，河田浩昭，神田大介，高田　宏，髙橋逸平，崔　錦珍，崔　瑛，永井恵一，羽田利久，服部淳一，宮本博文，山浦ひなの，荒川一誠，池尾　健，石橋仁美，岡泉幹雄，小野﨑廉，遠藤大樹，草野洋平，坂本裕之，山口良太

《編著者紹介》

徳江順一郎（とくえ・じゅんいちろう）

上智大学経済学部経営学科卒業，早稲田大学大学院商学研究科修了。大学院在学中に起業し，飲食店の経営やブランディングのコンサルテーションを手がけつつ，長野経済短期大学，高崎経済大学，産業能率大学，桜美林大学などの非常勤講師を経て，2011年に東洋大学に着任。専門はホスピタリティ・マネジメント論，サービス・マーケティング論。

現在，東洋大学国際観光学部准教授。多くの団体・企業などで顧問を務める。

編著書は，『アマンリゾーツとバンヤンツリーのホスピタリティ・イノベーション』『ホスピタリティ・デザイン論』『ブライダル・ホスピタリティ・マネジメント』『ホテルと旅館の事業展開』（創成社），『ホテル経営概論』『ホスピタリティ・マネジメント』（同文舘出版），『セレモニー・イベント学へのご招待』（晃洋書房），『サービス＆ホスピタリティ・マネジメント』『ソーシャル・ホスピタリティ』『数字でとらえるホスピタリティ』（産業能率大学出版部）など。

（検印省略）

2020年9月25日　初版発行
2023年9月25日　改訂版発行　　　　　　　　　略称—宿泊産業

宿泊産業論［改訂版］
—ホテルと旅館の事業展開—

編著者　徳江順一郎
発行者　塚田尚寛

発行所　東京都文京区　　**株式会社　創成社**
　　　　春日2-13-1

電　話　03（3868）3867　　　ＦＡＸ　03（5802）6802
出版部　03（3868）3857　　　ＦＡＸ　03（5802）6801
http://www.books-sosei.com　　振　替　00150-9-191261

定価はカバーに表示してあります。

©2020, 2023 Junichiro Tokue　　　組版：ワードトップ　印刷：エーヴィスシステムズ
ISBN978-4-7944-2618-5　C3034　　製本：エーヴィスシステムズ
Printed in Japan　　　　　　　　　落丁・乱丁本はお取り替えいたします。